悠缘特教
各地特教系列
走进山东特教丛书◎总主编：李淑英

建设幸福特殊教育学校

JIANSHEXINGFU
TESHUJIAOYU
XUEXIAO

郑建刚
刘　莹
冯　杰
主编

天津出版传媒集团
天津教育出版社
TIANJIN EDUCATION PRESS

图书在版编目（CIP）数据

建设幸福特殊教育学校 / 郑建刚，刘莹，冯杰主编. —天津：天津教育出版社，2016.4

ISBN 978-7-5309-7657-9

Ⅰ. ①建… Ⅱ. ①郑… ②刘… ③冯… Ⅲ. ①特殊教育－学校管理－中国 Ⅳ. ①G769.2

中国版本图书馆CIP数据核字（2014）第148498号

建设幸福特殊教育学校

出版人	刘志刚
主　编	郑建刚　刘　莹　冯　杰
选题策划	陈志平　蒋丰祥
责任编辑	王剑文
装帧设计	悠缘华夏
出版发行	天津出版传媒集团 天津教育出版社 天津市和平区西康路35号　邮政编码300051 http://www.tjeph.com.cn
经　销	新华书店
印　刷	天津金彩美术印刷有限公司
版　次	2016年4月第1版
印　次	2016年4月第1次印刷
规　格	16开（787×1092毫米）
字　数	185千字
印　张	12.5
定　价	30.00元

总序一

特殊教育的发展和普及是衡量一个国家教育普及和教育公平程度的一个重要标志，更是衡量一个国家社会文明程度和公民素质的一把重要标尺。因此，党的十七大和十八大报告先后提出“关心特殊教育”“支持特殊教育”。今年党的十八届三中全会报告中又明确提出“推进学前教育、特殊教育、继续教育改革发展”。这些重要报告表明我国特殊教育事业的发展已引起党和国家的逐步重视，也标志着我国特殊教育事业的发展进入了一个新的阶段。同时，也调动了广大特殊教育工作者的积极性，一批批奋战在一线特殊教育学校的校长、教师积极投身到特殊教育的改革与实践中，探索当代本土化的中国特殊教育发展之路。

“走进山东特教”这套丛书就是特教工作者长期实践探索的成果之一，是齐鲁大地上一批优秀的特教人对多年教育、康复实践成果的总结。丛书既汇聚了百年老校烟台聋校多年积累的语文、数学教学实践经验以及青岛盲校的视障学生心理健康教育探索历程，又总结了山东一批特殊教育名校近年在教育、康复方面的实践探索，如青岛聋校听障儿童听觉语言康复、菏泽定陶特殊教育学校的智障儿童康复教育、临沂天使国际特殊教育学校的脑瘫儿童康复和枣庄特殊教育学校幸福校园建设等。这些实践凝聚了山东特教一线校长和教师们的无数心血，也是奋战在我国一线特殊教育学校的校长和教师的缩影。他们实践研究，再实践再研究，用自己的实际行动在推动中国特殊教育事业的发展，为实现特殊教育的中国梦而努力。

本套丛书实践性强，书中所附的实践案例增强了丛书的可读性和借鉴性和启发性。每一本书的内容都很好地反映了编者们多年的实践功底和对现实需求的准确把握。他们不唯高深的理论，而是把教育康复训练方法、感悟、反思和案例等与一线教师距离最近的内容加以提炼、升华和呈现，总结实践经验再反哺实践，以此来提升广大一线教师的教育康复实践能力，更具有现实意义。

本套丛书既是作者们的职业生涯的宝贵财富，也是特殊教育的宝贵财富，一定能让广大一线教师、特殊儿童家长或相关研究人员从中受益。

王　辉

南京特殊教育职业技术学院特教与学前教育学院副院长 教授

2013 年 11 月

总序二

随着和谐社会建设进程的加快，作为儒家文化的发源地，同时也是中国第一所聋校诞生地的山东，在政策扶持及无数特教人的不懈付出与努力下，特殊教育取得了令人瞩目的成绩。

作为一个从事特殊教育师资培养工作近三十年的“老特教”，可以说目睹了我国特别是山东省特殊教育的发展，为特殊教育逐渐受到国家重视、社会的“残疾人观”一步步发生变化以及特殊教育逐渐被社会大众所理解而感到欣慰，尤其是看到更多的高学历、高素质的年轻人不断加入到特殊教育师资队伍中来，更是对特殊教育的未来充满了希望。但是，面对残疾儿童类别不断增多等特教新形势，面对一线特教老师无数的困惑与疑问，让人难有“万事大吉”的放松。在完成自己日常教学科研任务之外，我偶尔也有过再做点儿什么的念头，但考虑到自己的能力和年龄等因素，一次次放下。直到 2012 年暑假的一天，在跟好朋友、北京悠缘华夏文化传播有限公司蒋丰祥先生通话中，他的一句调侃“年龄已经成为你偷懒的借口”让我理屈词穷：“山东特教发展取得了那么多的成绩，你牵头展示一下山东特教的风采是多么有意义的一件事。”蒋总的“游说”增强了我这个老特教的光荣感和责任感——尽管我知道，凭我的能力和名气来牵头展示齐鲁大地的特教业绩，显然是难负其重，可是为山东特教的发展出一点儿力应该是我义不容辞的责任。就这样，2012 年暑假开始着手筹划出书这事儿。

编什么系列，从哪里着手？作为山东省唯一一所特殊教育师范学校的老师，我常年跟一线老师保持着非常好的联系，他们给与我教学与科研的无数启发与灵感，尤其在跟一线老师的密切交流及实地考察中，发现一种较为普遍的现象：一方面，许许多多的一线教师在多年的特殊教育生涯中用自己的爱心和智慧积累了大量的实践经验，特别是像烟台聋校这样的百年老校（中国第一所聋校）、青岛聋校这样的全国聋教育实验校等，他们视野开阔、经验丰富，它们的经验需要整理、升华；另一方面，大量的一线老师特别是年轻教师又常有面对各类残疾孩子“束手无策”的尴尬，他们需要理论指导，更需要实实在在的成功经验的借鉴。针对此现状，立足于广大一线教师的需要,抛却过多理论上的“高瞻远瞩”,把康复教育训练方法、感悟、反思以及案例等与一线教师距离最近的内容加以提炼、升华和呈现，成为我们相关各方的共识。因此也就有了“走进山东特教”这套丛书的编写。

本是立足于山东，但随着辽宁王喜军等外省老师的加入，这套书的视野更开阔，内容更丰富。

历经近两年的时间，经过各位编者的辛苦努力，这套书终于跟大家见面了。欣喜之余，更多的是要说出我的感谢。

感谢北京悠缘华夏文化传播有限公司蒋丰祥先生、戚克娜女士及其他员工，没有他们对特教的关爱、对事业的执着与辛苦付出，也就没有一系列特教作品包括本书的出版发行。2007 年因主编《特殊儿童的教育鉴别与评估》一书跟他们相识，直至成为今天的挚友，想来真是我的荣幸。悠缘，有缘。

感谢各位编者。他们当中既有烟台、青岛等地全国知名特教学校的校长，也有扎实肯干、成绩斐然的一线老师；有我多年来因特教结缘的朋友，也有我的同学、学生。当我从蒋总那里接受了“任务”，面对算得上庞大的编写计划，忐忑地跟他们沟通时，他们热切的呼应、积极的作为也成为我巨大的精神力量。作为一线管理者或老师，他们教学、管理任务繁重，但对所承诺事情的执着和勤勉，使我这个近几年正慢慢把年龄当资本的“闲散惯了"的人受益匪浅；他们的谦虚和善解人意，使得我们无数次的沟通都顺畅无比。一起合作的过程，也是我跟他们学习的过程。每当打开计算机看到他们半夜从邮箱发来的材料，常生感动。营口的王喜军老师更是把 QQ 个性签名改为:”自从参与编书,就爱上了熬夜。“有的老师为了把照片弄好，费劲心思，精益求精。在佩服他们、感谢他们的同时，也为我们的特殊教育有这样一些拼命三郎而甚感欣慰。

写到这里才发现，一套学术著作的序言被我写成了充满人情味的感言了。见谅。我想学术的严谨与人情味的浓郁并不矛盾。特殊教育更是如此。

本套丛书首期出版的分别是：刘本部、郑芳、刘美芸等著的《听障儿童听觉语言康复研究与实践》，徐东升主编的《聋校数学生活化教学探索》，李岩、孔玲主编的《聋校语文读与写》，张蕾、薛梅、葛玉萍编著的《视障学生心理健康教育与辅导》，孔祥英、陈承杰主编的《智障儿童康复教育概论》，陈庆莲主编的《脑瘫儿童康复训练指南》，郑建刚、刘莹、冯杰主编的《建设幸福特殊教育学校》，李淑英、王喜军、刘迪编著的《特殊儿童感觉统合训练理论与实践》等。所有编者或是经验丰富的一线骨干教师，或是专家型的校长，他们丰富的特教从业阅历及实践经验使得这套书的“实践性”特色突出，其中为数不少的的实践案例分析更是增强了本套书的可读性、可借鉴性。可以说每一本书的内容皆是编者老师们多年实践经验的总结与反思，是这些编者老师职业生涯的宝贵财富，也是特殊教育的宝贵财富，想必定会对广大一线教师、特殊儿童家长或相关研究人员起到一定的参考或借鉴作用。

由于各位编者多来自特教一线，教学及管理任务繁重，时间有限，加之多是第一次编书，虽尽心尽力而为也难恐有疏漏或不足之处，还望各位读者朋友批评指正。

李淑英
潍坊学院幼教特教师范学院 副教授
2013 年 11 月

目录

引　言　幸福离特殊教育学校有多远？

2012 年 10 月 22 日，中央电视台记者在河南郑州街头采访 68 岁摊菜煎饼的孟老太太:“你幸福吗？”老太太：“现在我跟你说啊，我的希望全部破灭，我的两个小孙子都是聋哑，我最大的希望就是多卖一毛钱，把我的小孙子从底线挽救出来。我下面有一个儿子，生了两个聋哑（孩子）。我现在最在乎的就是能想办法把我的小孙子能挽救到哪一步就是哪一步。只求他们好，他们好就等于我开心，别的不求，别无所求。”

这是特殊教育学生家庭的一个缩影。部分特殊学生的家长因为孩子的生理缺陷而终日以泪洗面、不知所措，以至整个家庭与痛苦结伴，和幸福无缘。

我们再看特殊教育学校的师生状况。特教学校相对封闭，与外界沟通的机会较少，教师的工作环境就局限在校内，所能接触、经常沟通交流的对象就是同事和自己的学生。因为特殊教育学校教育对象的特殊性，教师的工作量较普教大，且重复、单调、辛苦，需要极大的耐心和爱心。特教教师的工作量超过普教教师，却难以收获成功的喜悦和成就感，事倍功半。特教教师的待遇低，认同感差，社会地位不高，甚至遭到歧视。调查显示：特殊教育学校教师中有中重度心理健康问题的教师较多，心理健康问题的出现率较高，有焦虑与恐惧问题的教师较多。特教学生因生理缺陷而引发心理健康问题更为明显。如盲生往往具有排斥、自私和自卑等心理问题，而聋生则具有猜疑与抑郁、狭隘与嫉妒、怯懦与自卑、对立与破坏以及偏执等心理问题。

2006年9月22日星期五上午，中州大学聋人艺术学院2004级两个班的大学生在一起讨论。由孟繁玲老师主持并提问。

问：近年来，聋人偷盗问题成了一个比较明显的问题，大家知道吗?

答：知道。

问：你们认为聋人偷盗是否很可恶?

答：没有。

问：为什么？

答：那是有原因的。① 聋人没有工作，要吃饭；② 即使有个工作，也是给的钱很少；③ 社会上人们看不起聋人；④ 聋人家庭困难；⑤ 社会给聋人提供的工作机会太少；⑥ 聋人不懂得法律；⑦ 有一些聋人是被迫去偷的。

问：你们大学毕业后，是否也会去做生意（这里指偷盗）？

答：不一定。

一位叫蒙蒙的聋人网友这样谈对聋人犯罪的认识："周围的同学、聋人，基本没有几位能找到正当工作！特别是西部地区，政府对聋人就业根本不闻不问。聋人们从学校毕业后，何去何从？被抓是小事，饿死是大事！怪不得我过去的同班同学的百分之七十的同学全部加入了黑社会团伙，坐牢的也不少……"

另一位叫CRYRAIN的网友说："有机会，我也想干一次！"

聋生有以上想法，显然他们对现实不满，没有幸福感。

据统计，约46%的聋校毕业生有不同程度的违法犯罪行为，甚至部分在校时品学兼优的聋生，毕业后也马上走上违法犯罪之路。聋校被戏称为"培养小偷的摇篮"。

综上所述，我们可以看出，特教学校的部分教师、学生和家长，是焦灼不安的、自卑的，是对现实充满不满和怨恨的，是悲观、痛苦的，幸福与他们无缘。

特殊教育的终极目标是什么？笔者以为就是让残疾儿童享受生命的精彩，快乐、幸福地学习、成长，就是为了帮助残疾儿童具有追求幸福的能力，为其一生的幸福奠基。那么如何让特教学校的教师、学生和家长认识、感知、触摸到现实的幸福？如何让教师教得幸福，感知工作的幸福？如何让学生学得快乐，体验学习的幸福，体验成长的快乐？如何让家长和孩子共同成长，为孩子的进步而幸福，为能帮助孩子而感觉幸福，为孩子取得的进步而感觉幸福？中央教科所所长孟万金教授提出"幸福教育"的理念，着力打造幸福校园，让师生过幸福的教育生活。笔者试图探索"建设特殊教育幸福校园"这个问题，来提高特殊教育学校教师、学生和家长的幸福指数，让他们真真切切地感知到身边的幸福。

创建特殊教育幸福校园是时代的要求。改革开放三十年，中国取得了举世瞩目的成就，综合国力大大增强，人们生活水平大大提高。在经济高速发展的基础上，追求全民的幸福指数已成为当今中国的时代精神。为此，中央电视台在2012年下半年展开调查，以“你幸福吗”为主题，采访各行各业不同年龄的群众，询问他们对幸福的理解，了解他们生活的真实状况。中央教科所孟万金教授指出：“创建幸福中国，基础在幸福人生，关键在教育。特殊教育作为基础教育的有机组成部分，理所当然要承担创造特殊教育学生和教师幸福生活的重任。”特殊教育学校是社会弱势群体的集中地之一；特殊教育学校师生的生活幸福与否，是国家幸福指数的代表，是国家或地区文明程度的重要标志之一。创建幸福特殊教育学校是社会发展的要求，是时代的要求，也是党和政府对特殊教育学校的要求。

创建幸福特殊教育学校也是特教学校教师、学生和学生家长的要求。幸福是人类的共同追求，也是教育的终极目标。著名教育家朱永新先生提出师生应该过“一种幸福而完整的教育生活”。教育就是让每一个人“做回”他自己，教育首先是让人成长成为一个健全的人，最后是让人成为一个幸福的人，得到他们一生所追求的健康、快乐和幸福。苏霍姆林斯基的理想是“让每一个学生终生都拥有幸福的精神生活”。他说过：“我们尊敬的教育者们，时刻都不要忘记：有一样东西是任何教学大纲和教科书、任何教学方法和教学方式都没有做出规定的，这就是儿童的幸福和充实的精神生活。”教育生活应该是幸福的。教育既然是努力去促进每一个人能够过一种幸福生活，则它本身也应该是幸福的。特教学校是师生心灵成长的场所。特教学校不仅要对特教学生的成长负责，也要为他们的幸福人生奠基。特教师生是学校的主体，让教师和学生身心愉悦，幸福感强烈，是创建幸福特教学校的第一要义。

幸福离特殊教育学校有多远？其实不远。幸福在校长的脑海里，在教师的循循善诱、谆谆教导中，在黑板书写的诗行中，在学生朗朗的书声中，在操场追逐的身影中，在家长殷切、慈爱的目光中，在学校的人文管理中，在美丽的校园中……幸福就在我们的身边，只是我们没细心观察，没仔细体会，没努力追逐。

让我们一起过一种幸福而完整的教育生活！

本书具体分工：郑建刚负责第一章、第二章和第十章的编写；侯宗连负责第三章的编写；冯杰负责第四章的编写；王刚负责第五章的编写；刘莹负责第六、八章和第九章的编写；谭冬梅负责第七章的编写。

第一章　特殊教育与幸福校园

第一节　我国特殊教育的发展历程

我国政府界定的特殊教育对象主要指的是医疗部门界定的在视觉、听觉、智力发展方面存在缺陷的儿童，近年来，又将有神经系统发育障碍的儿童（孤独症儿童）扩展为特殊教育对象。这里所讲的特殊教育对象，主要是指视觉、听觉、智力发展方面存在缺陷的儿童。

在我国，特殊教育的发展有一个演进的历史过程。

一、特殊教育的准备阶段：标志为古代特殊教育思想及机构的萌芽

中国的特殊教育学校有悠久的历史和文化渊源。据陆得样和福森信昭（日本）1996年考证，我国在周代出现了公有性质的残疾人教育，源起于夏商周时期的盲人乐师得到专门的职业技能教育，训练聋哑、盲及肢体残疾者为有用之人。

二、特殊教育的早期阶段：标志是近代特殊教育学校的产生

漫长的封建社会，使我国特殊教育发展异常缓慢甚至停滞。我国近代真正意义上的特殊教育始于清末民初。这种特殊教育最早由国外的教会带入，然后国内一些开明人士介入，开办了一些专门从事特殊儿童教育的会馆。也就是说，中国近代特殊教育的兴起与西方传教士的传教有一定的关系。

到新中国成立前，全国共有42所盲聋学校，在校生2380名。当时残疾儿童入学率非常低，而且差不多局限于盲聋两类儿童的教育，且多为私立学校，还谈不上残疾儿童的义务教育。

三、特殊教育的发展阶段：标志为现代特殊教育体系的形成

1951年10月，由周恩来总理签发决议的《关于改革学制的决定》指出：“各级人们政府应设立聋哑、瞽目等特种学校，对有生理缺陷的儿童、青年和成年人，施以教育。”新中国成立初期，百废待兴，但特殊教育还是得到了应有的重视。

1985年5月公布的《中共中央关于教育体制改革的决定》是中共中央指导中国教育改革的一份重要文件。《决定》的第二部分指出：“在实现九年义务教育的同时,还要努力发展幼儿教育,盲、聋、哑、残疾人和弱智儿童的特殊教育。”1986年4月第六届全国人们代表大会第四次会议通过的《中华人们共和国义务教育法》是关于中国普及全民义务教育的法规。其中，第九条明确指出：“地方各级人们政府应当合理设置小学、初级中等学校，使儿童、少年就近入学。地方各级人们政府为盲、聋、哑、弱智儿童、少年举办特殊教育学校（班）。”此前，已普及初等教育并有一定生源的县，正力争做到具有特殊教育学校，乡（镇）有特殊教育班，并普遍发展随班就读；建立和完善三十所身心障碍听哑技术教育中心；试立盲、聋人普通高中班；创立长春大学特殊教育学院；增加特殊教育的投资，加强师资培训基地建设。1992年5月，国家教委和中国身心障碍联合会又联合发布了《残疾儿童少年义务制教育1985年间实施方案》，制定了九年义务教育评估验收和各项检查等工作制度。

1985年，很多地区为了提高残疾儿童入学率，采取了在普通学校中设置特殊教育班的形式，后来演化为“随班就读”形式。南通的随班就读开始于20世纪80年代初，当时的南通县在乡中心小学开设了特教班，利用中心小学的办学条件和师资，由特教学校老师培训特教班老师再进行特殊教育。接着宜兴、淮安等地也开始尝试将盲童安置在普通小学，由特教学校老师定期巡回辅导的特殊教育模式。1988年，国家教育部在北京召开的全国特殊教育工作会议，将江苏的以特殊学校为骨干，以普通学校附设特教班和随班就读为主体的特殊教育

发展模式，作为经验向全国推广。1990年开始，中国农村校也出现了大量随班就读的形式，解决了因经济落后、交通不便造成的残障儿童求学上的困难。随班就读这种形式与后来国际上提出的“融合教育”和“全纳教育”在指导思想上十分接近，在操作形式上也相当吻合。1999年，在国家教育部于齐齐哈尔召开的特殊教育工作会议上，南通代表就随班就读和特殊教育免费教育问题作了重要发言，受到与会者的很高的评价。之后，我国逐步形成了比较稳定的以特教班和随班就读为主体，以一定数量的特殊教育学校为骨干的特殊教育多种办学形式。

我国的高等特殊教育也在不断发展中。改革开放三十年多来，高等特殊教育纳入了我国国民教育体系并得到了初步发展。1985年，教育部、国家计委、劳动人事部、民政部发出了高校招收残疾青年和毕业分配工作的通知，要求高校录取优秀的残疾学生。随后又多次变更了妨碍残疾学生入学的高校体检标准，进入高校的残疾学生逐年增加。自1980年在北京师范大学建立特殊教育研究室、1986年开办特殊教育专业招收第一批特殊教育本科大学生后，华东师大、西南师大、华中师大、辽宁师大等高校陆续成立了特殊教育专业，现在很多已扩大为院（系）；一批原来的中等特殊教育师范学校，也在近年升格为学院，北京还建立了听力语言康复技术学院。很多院校已开始培养特殊教育的硕士生与博士生，还有一些医学院校开始培养高学历的康复人才。目前我国基本形成了以教育部门为主，民政部门、卫生部门、残联和社会力量作补充的特殊教育办学渠道，正在形成学前教育、基础教育、中等教育、高等教育的残疾人教育体系。

第二节　特殊教育学校现状

随着我国政治经济的发展和社会的文明进步，残疾人事业越来越得到重视，特殊教育也迎来了前所未有的发展机遇。特殊教育作为教育的一个重要组成部分和衡量教育质量的一个重要指标，近几年的发展尤为引人注目，但仔细观察依然存在不足之处。

一、从全国来看，特殊教育发展呈现不平衡趋势

我国特殊教育在沿海省市、经济发达地区发展较快，边远省区、经济落后地区发展则慢些。部分省市已经完成特殊儿童九年义务教育的普及，并开始向两头延伸，开办学前和高中（中专）特殊教育，而有的省区特殊儿童的九年义务教育还尚未普及。学校之间发展也出现不平衡现象，地市级学校发展较快，生源充足，设备先进，教学理念和手段先进，而县级学校教学设备、教学理念和教学手段相对落后。

二、课程内容陈旧，教育教学质量偏低

部分特殊教育学校只是对普通学校的简单模仿，只是加入了某些残疾人教育的要素而已；在课程设置、教学方法、教科研方式方法、学校管理、德育教育等方面没有突破，仅仅是对普通教育的沿袭和加入残疾人教育的因素。在国家特殊教育学校新的课程设置实验方案颁布实施前，特殊教育学校的课程内容陈旧落后，聋校和培智学校的现行教材已使用十几年未加修订，与残疾人现代社会生活需求和学生残疾程度分布的实际情况不相适应。有的聋校利用普通教育的丰富课程资源，尝试着使用普通小学的教材进行教学。有的学校进行了校本教材的开发；培智学校尤其突出，已经开发了完整的语文、数学、生活等科目的教材，补充了现有教育资源的不足，激发了教师和学生的教学热情，但开发的教材从内容、数量、质量、体系上还不能得到科学的认定，也就不能完全满足特殊教育学校教学的需求。普通教材的使用虽然满足了部分耳聋学生的升学要求，但对大多数学生来说学起来仍然是很吃力的。以上问题阻碍和制约了特殊教育学校教育教学改革的进程和教学质量的提高，致使特殊教育学校的办学水平与基础教育整体水平的差距越拉越大。

三、经费投入不足，基建缺口较大

部分地区的政府经费投入不足，制约并阻碍了特殊教育事业的发展；学校基本建设规模不能满足学校教育教学的基本需求，也制约了特殊教育事业的发

展。从2012年开始，一些沿海城市和地区已经逐步提高了特殊教育学校的办学经费，但总体还是偏低。如山东省济南市把特教学校生均公用经费从3000元提高到9000元，从2012年3月开始执行。青岛执行生均7200元，浙江省温州则执行生均10000元。但多数地方还执行生均3000元，甚至有的地方还要低于3000元。近年来，不少地方开始搬迁新校或扩建校园，以山东省为例，17所市级特教学校中，共有9所已完成或正在进行新校搬迁和校园扩建，资金主要是政府财政投入，缺口较大。

四、对特殊教育的重视程度有待于继续加强

首先，随着社会的发展和社会文明程度的提高，特殊教育发展受到的重视是前所未有的，但由于特殊教育的教育对象在社会上数量少，特殊教育学校也少，特殊教育学校的学生和家长都是弱势群体，他们几乎没有话语权，更难找到呼吁、发言的渠道和地方，他们在社会上的影响力相对较小。其次，特殊教育的成就无法和普通教育相提并论。再次，社会、学生家长和各级领导对特殊教育的期望值不高。部分地区的部分特殊教育学校成为摆设和花瓶。特殊教育不可以没有，但不需太重视和关注，这是部分地区部分领导的心态。所以，特殊教育还需要全社会和各级党委、政府一如既往地关心、支持。

五、特教学校校长队伍和教师的专业素质一般

校长是学校的“灵魂”和“核心”。有一个好校长就有一所好学校。经过多年的培养和培训，特殊教育学校校长队伍的管理水平得到了提高，校长们的理念得以提升，在全国涌现了一批特教名校长。但依然有不尽如人意的地方。调查显示，特教学校校长的办学水平需要进一步提高。以某省十六所地市级特教学校校长为例，十三名校长是从普通中小学学校或者中专等学校调入，占81.25%。不可否认，这些校长带来了普教的先进思想、理念和经验，提高了特教学校的管理和教育水平。但部分校长不熟悉特教学校的基本情况，不了解特教的办学规律，喜欢按普教模式办特教，这就阻碍了特教学校的进一步发展和提高。从校长的年龄看，四十五岁以上为14人，占87.5%，年龄偏大。从专业结

构看，也仅有三人是学的特殊教育专业，其余都为普教专业。所以，从知识结构、年龄和经历来看，特教学校的校长队伍需要调整更新。县级特殊教育学校校长来源更趋于复杂。部分校长来自于机关分流干部、普通中小学的校级副职或者中层干部，还有部分是农村中小学干部为了进城而进了特教学校；另外就是不好安排的人员进了特教学校，比如复员军队干部等。少部分校长不熟悉特殊教育，不了解特殊教育、教学和管理，要么敷衍应付，不思进取，混日子，要么不遵循特殊教育规律，胡干蛮干，导致学校发展缓慢， 部分学校甚至难以开展正常的教学活动，更谈不上教科研、创新了。特殊教育学校的管理水平亟待进一步提高。

教育大计，教师为本。教师队伍是特殊教育事业发展的关键。经过近三十年的发展，2011年全国教育事业发展统计公报显示：全国共有特殊教育学校1767所，比上年增加61所；特殊教育学校共有专任教师4.13万人。那么。这四万多教师是什么状况呢？一是特殊教育学校教师性别严重失衡。调查显示，特殊教育学校女教师占75.3%，男教师占24.7%。二是专业水平亟待提高。据调查，特殊教育教师初始学历不高，其中中等师范学历占42.3%，大专学历占26.0%，大学本科学历占27.6%，研究生学历仅为1.1%；初始专业以非特殊教育专业为主，专业素质水平一般，入职后培训不完善。三是教师队伍老化。自从2007年初国家特殊教育学校新的课程设置实验方案颁布实施后，各个特殊学校在新开设学科和专业课方面出现了教师不配套、相关的教学和操作人员的专业化程度不高的现象，致使信息技术教育和康复训练未能达到应用的要求，造成了部分教育资源的闲置和浪费；受现存大中专毕业生就业体制和教师编制的限制，部分特殊教育学校长期得不到对口专业毕业的新教师补充，造成学校专任教师队伍严重老化。四是心理健康状况不容乐观。特教学校教师中有中重度心理健康问题的较多，心理健康问题的出现率较高，有焦虑与恐惧问题的较多。

六、特殊教育体系不够完善，办学层次偏低

当前特殊教育存在许多薄弱环节。一是学前教育发展非常薄弱；二是特殊教育学校职业教育发展缓慢，教学内容和教学方法、评估制度等不能适应为残疾儿童少年今后平等参与社会生活奠定基础的需要；三是办学层次偏低。

七、特殊教育学校的学生因生理缺陷而引发心理健康问题

如盲生往往具有排斥、自私和自卑等心理问题，聋生出现心理问题主要表现在以下几个方面：行为障碍，如违反纪律频繁，儿童多动症，行为粗暴、好打架，攻击性和反抗性强；不良习惯，包括吮吸指头、衣物，喝酒、吸烟，习惯性抽搐等；性格障碍，包括好猜疑与抑郁、狭隘与嫉妒、怯懦与自卑、对立与破坏、偏执等；品行障碍，如偷盗和说谎、逃学和离家出走等；儿童神经症，包括儿童恐惧症、儿童强迫行为、儿童神经衰弱等。

第三节　幸福学校标准

幸福是一种持续时间较长的对生活的满足和感到生活有巨大乐趣并自然而然地希望持续久远的愉快心情。追求幸福是每一个人的最基本的权力和愿望。2011年3月中国两会召开，“幸福中国”引起了全国政协委员和人大代表的高度关注，“让人们更幸福”成为中国政府未来工作的主体。在建设幸福中国、幸福城市的大背景下，优先发展幸福教育、先让学校幸福起来，引起了教育界的高度重视。2011年5月3日，《中国教育报》发表了《办一所幸福的学校——访中央教科所教授、积极心理健康教育创始人孟万金》，随后又相继发表了《幸福学校国际联盟宣言》和《校长，点亮教师职业幸福感——访中央教科所孟万金教授》，有力助推了幸福教育、幸福学校在全国的兴起。各地各学校纷纷将“幸福”作为学校发展的主体概念提出。重庆南岸区提出“书香南岸，幸福教育”的教育诉求，山东省烟台市聋哑中心学校提出特色鲜明的办学理念——为学生谋职、谋生、谋幸福，山东省枣庄市特殊教育学校的办学理念是“过一种幸福而完整的教育生活”。

幸福学校内涵高度概括起来主要包括幸福文化、幸福课堂和幸福课外三个方面。由此衍生出幸福学校的六条基本标准：以人为本、积极向上、爱教爱学、会教会学、教会学会、满足特需。（见下表）

一级指标	二级指标	三级指标	四级指标	内涵	等级标准（略）
幸福文化	以人为本（%）	办学理念（%）	精神乐园（%）	在幸福中开展教育，在教育中传递幸福；在幸福中创新教育，在教育中创新幸福	
		行动计划（%）	共同愿景（%）	民主决策，目标明确，规划明晰	
			科研引领（%）	科研意识，行动研究，科研效果	
		组织管理（%）	人文关怀（%）	尊重教师需要层次，关注教师专业发展和心理成长	
			合作分享（%）	合作备课，资源共享，共同成长	
			公正公平（%）	公道正义，物质激励、精神激励合情合理	
		满意度（%）	学生满意度（%）	学生对学校的综合满意度	
			教师满意度	教师对学校的综合满意度	
			家长满意度（%）	家长对学校的综合满意度	
			社会满意度（%）	社会对学校的综合满意度	
	积极向上（%）	心态（%）	认知（%）	兴趣、创造力、热爱学习、多角度看问题、洞察力	
			情感（%）	热情活力、勇敢、坚持、诚实	
			人际（%）	爱和被爱、友善、社交智力	
			公民性（%）	领导能力、团队精神、公平	
			节制（%）	谦虚、自制、宽容、审慎	
			卓越（%）	信念、希望、幽默风趣、感恩、审美	
		环境（%）	校园环境（%）	标志催人向上、气氛温馨甜蜜	
			社会环境（%）	家校合作默契，特色办学获社会赞许，人民满意	
			学生中心（%）	学生唱主角，教师当导演，学生当学习的主人	

续表

	爱教爱学（%）	以生为本（%）	激活右脑	多媒体，艺术性，整体性，创新型	
			赏识主导（%）	高激励，低威胁，挑战性，可控性，放松警觉状态	
			寓教于乐（%）	情景互动，游戏途径，言行幽默	
		动机维持（%）	注意集中（%）	全神贯注，持续不分心	
			内容相关（%）	内容贴近学生，与未来目标关系密切	
			成功自信（%）	最近发展区，体验成功，增强自信	
			效果满意（%）	即时反馈强化，激励欣赏，感激感恩	
幸福课堂	会教会学（%）	631组织教学（%）	60%时间自主学习（%）	教师主导下自主探究，发现问题和尽力自求解决问题	
			30%时间合作学习（%）	教师主导下对学群学，咨询释疑，讨论分享，化解问题	
			10%时间教师释疑（%）	聚焦难点，点拨答疑，化解疑难	
		5+2学习模式（%）	善于运用课堂5个学习环节（%）	前测（pretest）—探究（probe）—展示（presentation）—练习（practice）—后测（post test）	
			善于运用课前课后两个学习环节（%）	课前预习（preview）和课后改进（provement）	
	教会学会	高能（%）	学以致用，举一反三（%）	能够将所学东西运用到不同情境，一题多解	
		高分（%）	学考一体，超常发挥（%）	当堂达标，测试获得好成绩	
幸福课外	满足特需（%）	学科延伸（%）	提高（%）	质优生弥补课堂吃不饱	
			补习（%）	后进生解决课堂消化不良	
		兴趣特长（%）	多元智能活动（%）	充分张扬学生天赋优势，激发潜能，满足个人爱好	

以人为本。主要体现在三个方面：一是办学理念，主张在幸福中开展教育，在教育中传递幸福；在幸福中创新教育，在教育中创新幸福。把学校办成学生身心健康和教师发展的精神乐园。二是行动计划，重点是近三年至五年的行动纲领、共同愿景和科研引领。三是组织管理，强化人文关怀、合作共享和公正公平。四是满意度，体现学生、教师、家长和社会对学校的综合满意度。

积极向上。主要体现为积极向上的心态和积极向上的环境两方面，构成积极的内外因。积极的心态指积极的心理状态，包括认知、情感、人际、公民性、节制和卓越六要素，成为幸福的心理机制；积极向上的环境主要指学校和社会环境，校园的标志、氛围以及社会的支持和评价等都构成幸福学校的外在诱因。

爱教爱学。首先，必须树立“以生为本”的正确的课堂观，坚持学生中心，注重康复教育，突出赏识导向，强化寓教于乐；其次，重视动机激发与维持，做到：引起注意，所学内容与学生切身相关，不断促进成功自信，及时强化增加满意满足观。

会教会学。首先，课堂教学组织形式体现631宗旨，即60%的时间自主学习，30%的时间合作学习，10%的时间教师释疑。科学组织教学，让学生当课堂的主人，把时间还给学生，是优秀教师会教的重要表现。其次，课堂学习模式落实5+2环节，即：学生主动自觉并高效执行前测——探究——展示——练习——后测五个环节，同时，熟悉课前预习和课后改进两个环节，确保课前、课中和课后一条龙效应最大化。

教会学会。简单讲就是高分高能。高分就是当堂达标测验考出高分，考出好成绩；高能就是学以致用，举一反三，将所学知识与技能迁移到同类问题上，能发现问题和创造性地解决问题。

满足特需。主要指通过课外活动满足学生的特殊需要，弥补课堂个性化和因材施教偏低之不足。课外活动既包含学科延伸又包含兴趣特长培养。学科延伸重点对质优生给予提高，对后进生给予补习；兴趣特长培养重在依据多元智能理论开发学生潜能，培养学生的课外爱好，丰富其学校学习和生活，寻找学生新的兴奋点和生长点，从而使其成为学生学校生活和成长的支点。

第四节 建设幸福特殊教育学校的四个"有利于"

一、有利于特教孩子的健康成长

（一）有利于特教学生学习科学文化知识，进一步提高特教学生的文化水平

幸福特殊教育学校的建设，特别是幸福课堂的建设，激发了课堂活力，使课堂焕发了生机，开发了学生的潜能，补偿了学生的缺陷，也使学生得到了有效的康复。幸福课堂是快乐课堂，也是高效课堂。幸福课堂着眼于每一个学生，为每个学生制定学习计划，使每一个学生都能在课堂上体验到学习的快乐，都能在课堂上取得自己的进步。正是这每天每堂课微小的进步，积少成多，逐步提高了特教学生的文化水平，同时也锻炼了学生的基本能力。

（二）有利于特教学生心理康复

特教学生由生理缺陷引起的心理健康问题，在幸福校园的建设当中完全得到了解决。幸福校园的内涵主要是幸福文化、幸福课堂和幸福课外三个方面。优雅的校园环境和校园文化，充满生机、活力；侧重于因材施教的课堂和充满情趣、具有康复和开发潜能的课外活动，必然有利于特教学生心理问题的解决。

（三）有利于特教学生人生观、价值观的树立

近年来，残疾人违法犯罪特别是聋生违法犯罪时常见诸网络和媒体。本来是政府和社会关心、帮助的对象，何以走上危害社会的道路呢？并且，有些在学校品学兼优的聋生离开校园后也纷纷走上违法犯罪之路，这不能不引起我们的深思。是他们不知法、不懂法还是知法犯法？调查显示，他们都具有一定的文化程度，都对法律有不同程度的了解。他们之所以违法，根本原因是其错误的人生观和价值观。他们大多好逸恶劳，心怀贪婪。幸福是什么？他们认为幸福就是游手好闲，就是拥有财富，就是吃喝玩乐。没有正确的幸福观，是他们

走上违法犯罪之路的根本原因。幸福校园的建设就可以帮助特殊学生树立正确的幸福观。

二、有利于老师的工作和生活

（一）环境

幸福校园具有完善的设施、合理的布局、各具特色的建筑和场所，使人心旷神怡、赏心悦目，有助于陶冶特教学校师生的情操，塑造学生的美好心灵，激发师生的开拓进取精神，约束全体师生的不良风气和行为，促进全体师生身心健康发展。

（二）拒绝平庸生活，让生活充满激情和诗意

幸福校园具有强烈的开拓进取精神，促使教师具有积极向上和健康良好的心态，从而不甘平庸，争当先进，乐于探索和实验，也促使他们爱岗敬业，爱教会教，生活充满激情和诗意。

三、有利于特殊教育学校的发展

幸福特殊教育学校的建设能有力于促进特殊教育学校的发展。幸福特殊教育学校的创建，为学校的发展指明了方向，全体师生就要按照幸福学校的标准去努力创建，就要学习新思想、新观念、新知识，就要不断探索和实验，就要在教育教学方面上台阶，从而促进学校的整体发展。

四、有利于建设幸福、和谐、美丽的社会

（一）为社会主义精神文明建设添砖加瓦

建设社会主义精神文明是每一个公民义不容辞的义务。有了幸福的课堂，才有幸福的学生，才有幸福的教师，也才有幸福校园。建设幸福特教学校，也是为建设社会主义精神文明添砖加瓦。

（二）成功的特殊教育，具有巨大的经济效益

建设幸福特教学校，让特教孩子都能成为社会有用之才，不但为建设社会主义精神文明添砖加瓦，而且还具有巨大的经济效益。如果没有特殊教育，纯粹地养护一个残疾人每年需要2000元，按预期寿命60岁计算，一生共计需要花费12万元。如果5岁时实施特殊教育15年，每年再多花4000元，之后能自立，则每人一生共计投入10万元。每个残疾人能省2万，那么我国8296万残疾人（约2000万为自幼残疾）共计可节约4000亿。平均每年为国家节省近67亿元。

第二章 做幸福的特殊教育学校校长

第一节 校长是特殊教育学校的灵魂

校长是学校各项工作的组织者和管理者，校长在特教学校教育教学工作中所起的作用不容忽视。校长是凝聚特教学校师生力量，为师生成长和学校谋划未来创造条件，提供优质服务的人。

一、校长要影响学校

校长应是学校教育的灵魂。校长的风格气质、一言一行，都在影响着学校，影响着师生员工。所以，校长不仅是自己的、家人的，更是学校的、全校师生员工的。校长高尚的情操、丰厚的文化底蕴、执著的工作态度、娴熟的工作方法，校长对教师的宽容、对同事的合作，无不影响着学校。校长对教育的激情、对教育全身心的投入和无私的奉献，校长对教育敏锐的洞悉和准确的把握，校长对教育的恒心、对教育的追求和探索，校长对教育炽热的情怀，校长对教育的创新、对教育求变的思维和不变的热情，无不影响着学校，影响着师生员工。校长要有怒不形，遇喜不亢，临危不惧，处变不惊，中和为贵，清淡致远。什么时候顺情理，什么时候顺事理，该理智的时候理智，该动情的时候动情，何时进、何时退，何时偏左、何时偏右，校长完全要感觉并把握好，唯有如此才会对学校形成积极的影响。

校长要把握学校，学校是航船，校长无疑是舵手。校长每天都在处理事情，有小事，有大事，有阶段性重要事情，校长应视轻重缓急，视远近左右，都要把握好度。什么时候扬，什么时候抑，都要审时度势；什么时候考虑公平，什么时候考虑效率，都要有法可依。学校利益分配，往往难为校长：集体利益、个人利益，眼前利益、长远利益……校长应把握的原则是：绝大多数人的利益是最高利益。

校长处理事情可以借鉴书法规则。书法有一项规则叫“满而不塞，疏而不漏，浓淡相宜，干湿得法，深浅有度，刚柔并济”。书法如此，做人何不如此。管理是否也如此？校长管理学校，有的用规章制度管理；有的实施达尔文适者生存的“末位淘汰”办法；有的树积极的校风，以精神为主加以激励，让大家有一种精神；有的张扬个性，因为社会的进步从根本上说是通过每个人的个性体现的；有的把先祖留下的中国儒家情感管理放在首位。上述各项综合运用为宜，且应把握适度。学校出台政策，实施管理办法，要视校情而定，看时间、地点、事件是否适宜，否则宽严皆误。

成功的校长是在正确的时间、正确的地点做正确的事情。成功的校长有足够的度量去容忍那些能够改变的事，有足够的智慧去区别不同性质的事。乱世用奇，治世用正。以奇始，以正合，是始终不变的“道”。校长把握学校也应如是考虑，但不能乱用。

二、校长要引领学校

校长应实行激励原则。信仰激励，让学校的教育思想和发展前景成为大家共同的目标。事业激励，为教师设计发展生涯，为他们提供发展平台。物质激励，实行既考虑“效率”又考虑“公平”的分配机制。

校长应实施愿景管理。学校愿景即学校的办学目标、发展方向、学校文化和学校管理等。只有把愿景变成每个教职员工的愿望，愿景管理才能实现。愿景在学校是把校长的工作由监控下属，变成下属一道为共同的愿景办学目标、育人目标去奋斗，让他们依靠自己的主动性，而不是管理层的压力去工作；提倡每个人自我评估，而不是由外人来评估和控制。

愿景管理，强调的是引导，而不是控制；强调的是效益，而不是效率；强调的是个体在团体中的能动作用，发挥的是人的主观能动性。

在愿景管理下，学校各种元素在一种信仰的引导下产生互动，从而爆发出强大的生命力。

校长应实施积极的评价。20世纪80年代以来，评价进入了结果认同时期，进入了“个体化评价时期”，被评价者最大限度地接受评价结果，就是评价的最大效益，实现协商、沟通、理解、让步、合作和提升。

当前我们教育评价的方式与方法“量化”多，“质性”少。新课程倡导发展性评价、综合性评价、科学性评价以及过程性评价、创新性评价，这些都是以“人”为出发点的，目的是促进个体和谐发展。评价要关注个体的处境与需要，要促进个体价值的实现，要激发人的主体精神。评价应是过程，是改进，是教育，要少一些终结性评价。

校长应实行文化管理。学校文化是对学校各类人员的行为方式具有约束或影响作用的价值观念的总和。它主要是指学校通过相对稳定的管理和教学所形成的、对全体师生的态度、思维及活动方式具有规范作用的价值观和行为准则。学校应建立一种崇尚变革的学校文化。唯有创设崇尚变革的文化，才会带来不断更新和持续发展。随着崇尚变革的价值观念逐步被接受，教师必然由个体到群体逐渐开始调整自身的教育行为方式，学校的变革便会悄然而至。

学校文化应内涵于学校的教育思、教育观念、课程构建、学校管理、名言警句、教具学具及校园建设等之中。

学校文化中的校训、校歌、校徽、校旗等不可小视。好的校训能影响几代人；好的校歌，学生能唱一生。这些势必感染、熏陶、影响、同化着师生。这就是学校文化。健康的学校文化一旦形成，它将是学校的无价之宝，是校长的无价之宝。

第二节　做幸福特教学校校长的条件

校长是学校的灵魂，是学校的旗帜，是学校发展的保障。校长的精神和办学思想决定着学校发展的快慢、质量和品位。从某种意义上说，一个好校长就是一所好学校。只有一个幸福的特教学校校长，才有幸福的教师，才有幸福的学生，也才会有幸福的特教学校。

一、特教学校校长必须有献身精神和大爱思想

教育家吕型伟先生说过:“教育是一项事业，事业的意义在于献身;教育是一门科学，科学的意义在于求真;教育是一种艺术，艺术的意义在于创新。”吕老把教育看做是一门科学，又视为一门艺术，但首先是把教育当做一项事业，而事业就意味着献身。特教学校校长首先是一名特教教师，教师就是燃烧自己、照亮别人的蜡烛，他们追求的是精神，是神圣的未来。教师的可敬，就在于他们选择了一条永远光辉的奉献之路；可能终其一生，他们也成不了富翁，但他们是富足的。在这样一个五光十色、变幻莫测的世界上有这样一群人，难道不值得我们所有人向他们致敬吗?教师的献身精神是如此，那么作为教师的组织者和领导者的特教学校校长，更是如此。所以说，没有一种奉献精神乃至一种献身精神，就不要做特教学校校长。台湾教育家高震东先生说：“爱自己的孩子是人，爱别人的孩子是神。”教师首先要爱自己的学生，要做爱别人的神。对特教学校校长的要求更高一层，他必须把学校的利益放在至高无上的地位，把学校的发展放在至高无上的地位，把学生的发展、老师的发展放在至高无上的地位。一个没有奉献精神的特教学校校长不可能把他的特教学校办成功，一个没有奉献精神的特教学校校长不会是幸福的特教学校校长。

人文主义是以人为本位的世界观，集中体现为对人本身的关注、尊重和重视，它着眼于生命关怀、着眼于人性，注重人的存在、人的价值、人的意义，尤其是人的心灵、精神和情感。人文关怀就是对人的生存状态的关怀，对人的尊严与符合人性的生活条件的肯定，对人类的解放与自由的追求。一句话，人文关怀，就是关注人的生存与发展，就是关心人、爱护人、尊重人，是社会文明进步的标志，是人类自觉意识的提高。特教学校的学生由于其生理缺陷，从而导致他们生理、心理发展的不健全。作为特教学校的管理者，作为特教学校的引领者，校长必须具有人文关怀的情怀。特教学校校长要用自己的思想和精神引导、影响特教学校的教职工具有人文关怀的情怀，从而教育特教学生也具有人文关怀的情怀。校长和教师的人文关怀也是建设幸福特殊教育学校的关键和根本。特殊教育学校，大多实行封闭式管理，相于对普通学校更加封闭，没有机会与我们的社会进行沟通，没有条件与社会进行更多的交流，也没有对人

类优秀文化遗产进行深入的学习与继承。这样培养出来的特教学生，是不可能具有人文关怀的情怀的。

如果校长没有人文关怀的情怀，就不可能有教师的人文关怀的情怀。没有教师的人文关怀的情怀，也就谈不上学生的人文关怀的情怀。一所没有人文关怀情怀的特教学校能是办学成功的特教学校吗？能是一所幸福的特教学校吗？所以，一个幸福的特教学校校长必须具有人文关怀的思想和情怀。

二、特教学校校长必须有精深的特教专业素养和极强的人格魅力

作为一名特殊教育学校的教师，不但要掌握普通教育专业知识和技能，而且还要掌握特殊教育专业知识和技能。特教教师应掌握的普通理论知识如儿童发展心理学、人体解剖生理学、普通心理学、普通教育学、儿童文学和外语等，应掌握的特殊教育基础知识如特殊教育的概念和分类、特殊教育的使命、特殊教育的现状、特殊教育的发展趋势、新中国成立以来有关特教的政策、特殊儿童个别教育方案的制订、特殊儿童的行为管理、特殊儿童的班级管理、特殊儿童的生理病理、儿童精神病学、残疾儿童的的辅助工具、特殊教育的专业信念、特殊儿童的早期教育、特殊儿童家长的心理及教育、特殊儿童的生活管理、其他特殊儿童的心理与教育和特殊教育研究等；同时，特教教师还要掌握的基本技能有现代教学手段、音乐、舞蹈（律动）、器乐演奏、教师口语、三笔字、美术和游戏等。以上内容是一名特教教师应该掌握的基本知识和基本技能。那么，作为一名特教学校校长，其首先必须是一名优秀的特教教师。一名优秀的特教教师必须具备以上所述的专业知识和技能，这些也是一名幸福的特教学校校长所必须具备的必要条件。

“学高为师，身正为范”，一名优秀的特教学校校长不但专业知识要渊博，还要具备极强的人格魅力，具有极强的号召力和凝聚力。要善于发挥校长的非权力因素的影响，增强学校的凝聚力和校长的号召力。一名幸福的特教学校校长应该用自身的素质、文化水平、道德修养、学识、为人处事的方法以及情感等去影响人，用自己的人格魅力去感化人。只有这样，才能真正地不断增强凝聚力和号召力，使教职工心服口服地敬佩和尊重。第一要和教职工真诚相

待，以心换心。向教职工敞开心扉，和大家心灵互动，真诚、坦率、客观地对待教职工的缺点。第二要尽其所能，关心教职工的点滴事情，倾力相助。如培养年轻和骨干教师，关心教师的业务进修，关心教师的职称晋升，关心教职工的生活等等。第三要宽容理解，换位思考。人与人之间需要理解，特教教师的工作枯燥而乏味，成就感小，更需要校长的理解和认可。所以校长要经常倾听教师的叙述、谈话甚至牢骚，尊重教师的思想、情感，设身处地地站在教师的立场和角度去考虑问题。宽容就要胸襟开阔，宽容大度，能容纳各种不同意见，但绝不是无原则的宽容。第四要讲信用，善协调。凡承诺必兑现，凡决议必执行，严于律己，廉政清明，公开校务和财务，提高透明度；协调方方面面的工作，发挥团队作用。第五要作风民主，办事公道。民主、公道是形成凝聚力的作风保证。应充分发挥教代会的作用，重大问题由教代会审议决定，校长不独断专行；要经常倾听教师的意见和建议，组织师生互评活动，评优和教师晋级做到公开、公正、公平。

三、特教学校校长应具有自己的办学思想和办学风格

苏联教育家苏霍姆林斯基曾经说过 ：“校长领导学校，首先是教育思想的领导，其次才是行政上的领导。要善于对事物进行分析和概括，并且灵活运用概括出来的结论，这是对学校实施教育理想的实质所在。我们总是力求做到使全体工作人员，从校长到看门的工人，都来实现教育理想，使全体工作人员都全神贯注实行教育思想。”这句话把校长的办学理念、办学思想概括得非常精辟。衡量一个校长是简单的管理者还是教育家，最根本的就是看他有没有自己的办学理念，有没有自己的教育思想。一名幸福的特教学校校长一定有自己的办学思想，没有自己办学思想的特教学校校长不可能成为幸福的校长。

教育思想和教育理念从哪里来呢？最重要的源头之一，就是对古今中外的教育名著、教育大师的理念的领会、学习与掌握。思想理念这个东西并不是凭空生成的。作为一名优秀的特教学校校长，必须阅读至少二十本以上的教育名著。一个没有系统接受人类历史教育思想财富的人，不可能有博大的教育情怀，不可能有远大的教育理想，也不可能有先进的办学思想，更不可能成为幸福的校长。校长的教育思想的另一个源头是与人交往和交流。一个不善于交往

和交流的校长也不是一个好校长。频繁的交流会给我们的教师、校长带来一股“清风”，带来观念的变革。特教学校，相对较少，分布较广，客观条件造成不少学校处于闭门造车的局面。所以，在短时间内将别人精彩的东西接受过来，在工作中去摸索、去运用，效果肯定会好。再就是善于对自己的教育实践进行反思。每天对自己一天所做的事情进行回顾与思考，写教育日记，也利于形成自己的办学思想。

办学风格，就是校长富有个性的教育思想在办学上的体现。怎样形成自己的办学风格？一个校长当然必须踏踏实实地去做事情。在实践中产生的创新，就是办学风格；拥有自己的办学特色，就是与众不同之处，也是超越其他校长之所在。一所学校有特色、有风格，才能有风采，才能有地位。办出一所富有鲜明个性特色的学校，才是作为校长应该赢得的人生辉煌。这样的校长才是幸福的校长。

四、特教学校校长必须富有开拓进取和知难而进的精神

特殊教育学校的现状决定了校长必须具有开拓进取和知难而进的精神。第一，特殊教育学校一般规模不大，特别是占大多数的县级特殊教育学校，几十个教职工，百余名或多或少的学生，社会影响力不大，社会关注度更小。作为基础教育的组成部分，特教学校往往被忽视甚至遗忘。在目前讲求功利的社会，更由于特殊教育学校百无一用，某些时候甚至受到歧视。第二，上级教育机关、社会和特殊儿童家长对特殊教育学校的期望值不高。由于教育对象的特殊性，他们不奢望特殊孩子能“成龙成凤”，多数情况下处于任其自由发展的状态。以至于一些教育机关领导认为特殊教育学校不出安全事故就很好了。更有人认为，特殊教育学校是教职工养老的好地方，想方设法把亲戚、朋友调进特殊教育学校。一些学生家长也认为，残疾孩子能上学已经很好了，至于学到什么程度，就不是很关注了。第三，由于特殊教育学校教育对象的特殊性，学校没有升学压力。近几年，由于特殊教育职业的发展，特教中专、高中如雨后春笋般纷纷建立，以至出现争夺特教生源的现象。社会和学生家长本来就对特教孩子的升学不抱多大希望，如今又变成容易升学，大多数特殊教育学校就更没任何压力了。第四，特殊教育学校在社会上还属于弱势群体，与外部沟通、

协调还具有一定难度。在争取经费和建设发展资金时，校长往往费尽心机；在为教工、学生争取相关政策待遇的时候，也是困难重重。

综上所述，特教学校的发展面临诸多困难，极易让学校停滞不前或发展缓慢。而要发展，校长就要自我加压，就要具有开拓进取和知难而进的精神。发展的特教学校才是幸福的特教学校。

五、特教学校校长必须关心、成就教师和关爱学生

教师是特教学校的主导力量，是学校能否发展的关键群体。一个幸福的特教学校校长应该是个优秀的导演，能给教职工提供一个自由发展的广阔舞台。校长的使命就是搭台，让每一个角色都表演到位。校长就是要把教师推到前台，让教师做主角。每位教师都具有相当的潜能，这个潜能能不能得到最大限度的发挥，取决于校长的心胸、魄力和胆识。如何促进教师专业成长应是校长优先考虑的主要问题。如山东某地特教学校关于促进教师专业成长的经验就值得我们学习。

教师专业发展取得突破

近年来，学校制定了教师发展规划，采取措施，创造条件，开展活动，促进教师的专业成长。“请进来，走出去”是教师专业成长的先决条件。2012年3月，我校邀请了南京特殊教育学院的知名特教专家来校做学术讲座，并邀请了本市的兄弟特教学校的老师一起学习。另有五位教师参加了国家级和省级的特殊教育专业培训班。有三十余人次赴外地和本市先进学校学习。其次，开展教研练兵活动。以课堂教学为抓手，开展特殊教育优质课评选活动。近年来，我校教师专业发展取得了优秀成绩。2011年以来，我校被省教育厅评为首批省级“特殊教育教学示范学校”，有两位老师被评为省级教学能手，两位老师先后获得省级优质课一等奖。另有十余位教师获得市级优质课奖励。

（选自2012年总结）

一个幸福的特教学校校长还要关爱学生。生理缺陷给特殊孩子带来了极大的生活、学习障碍和困难。有些在健全人看来简单至极的小事情甚至一个动作，让残疾孩子做来却困难重重。吃饭，在我们健全人看来，是每天重复、无需考虑、简单至极的一件小事情。某位特教学校的校长曾很动情地同笔者聊起

和一位盲女生吃饭的经过。那位女孩子先用筷子慢慢试探着伸向盘子，轻轻在盘子里夹了一点儿菜放到自己的碗里。然后低下头，夹菜送至嘴边，轻轻吃了一点儿。吃得很慢。该校长已经在特教学校工作四年。谈起这些的时候，他很有感触地说："我要检讨，我对这些孩子缺乏了解，我对他们关心不够。"烟台盲人学校在2012年12月组织教师体验视障感觉。看看教师们的体会：

周三下午，邹校长为盲生部全体教师做了《班级组织管理》的专题报告。为了使每位教师更好地体验盲生的真实感受，有的放矢地针对盲生特点开展工作，会前组织了一个体验活动，即每位教师带上眼罩或模拟低视力眼镜，独自从二楼办公室走到四楼阅览室，自己找好座位坐下，然后用手触摸桌子上的物品并识别。对视力正常的人来说很轻松的事情，带上眼罩后却变得那么困难。有的老师不敢挪步，每一步都小心翼翼。当有人过来拉一把时，竟吓得叫出声来："谁？别碰我！"用手识别面前的物品，也闹了不少笑话：桂圆被认作山楂；看起来很美的花朵图形，触摸半天却识别不出来。（http://www.yantaiqy.com/content.asp？id=337烟台盲人学校网站）

只有教师和学生的幸福，才有特教学校的幸福，才有特教学校校长的幸福。做一个幸福的特教学校校长，必须成就教师，关爱学生。

六、特教学校校长必须善于打造和经营学校品牌

学校品牌是指学校建立或重新塑造一个品牌形象的过程和结果。包括学校的定位、学校的特色、教育科研问题、教学与管理、学校形象提升、校园文化、办学理念和资源重组等。对学校来说，品牌是学校的一面旗帜，它体现了优质的学校管理，也是向社会、学生家长和学生做出的质量保证。对社会而言，学校品牌的存在，将影响到社会主流文化的潮流。实践证明：学校品牌不仅可以使学校不断提升办学品质，而且可以带来更多的社会效益，这就给学校管理者提出了新课题——学校品牌与经营。特教学校校长如何打造、经营自己的品牌呢？

（一）要善于经营课堂，引领教学方向

学校工作的中心是教学，而教学的主阵地在课堂。校长要引领教学的方

向，就要善于经营课堂。苏霍姆林斯基曾说过：“对一个有经验的校长来说，他的注意和关心的中心就是课堂……由于学校领导人对课堂进行深思熟虑的分析而使课堂教学得到不断的改进，就能提高学校整个教育过程的水平……只有当学校的领导人掌握了足够的事实和进行足够的观察时，才能在教学和教育过程的这个领域里达到工作的高质量。经常听课、分析课的校长，才能了解学校在做些什么……尽管学校领导人有各种各样的活动，而听课和分析课却是应当摆在首要地位的工作。”

（二）校长要善于经营人心，凝聚强大动力

“管理要管人，管人要管心。”经营学校，说白了就是经营人心，而经营人心是难以简单地凭借权力实现的。刚性管理往往只能管住人的行为。顺应人性、尊重人格、理解人心的柔性管理显然比刚性管理更具效力。因此校长在工作中要寻找一种能让大多数员工理解、接受、认可的有效途径，最大限度地让员工的聪明才智在柔性管理的过程中悄然释放。

在经营人心方面，翔宇教育集团卢志文校长堪称典范。在该教育集团的办学理念以及员工宣言等文件中，没有刻板的一二三，而是散文诗一样的对未来的憧憬；不谈具体的什么该做什么不该做，但却指出了努力的大目标、大方向，鼓舞士气，激荡人心。也有不少特教学校校长开始做这样的工作，比如为教师们订制生日蛋糕，三八节 、教师节为老师献鲜花等。

（三）校长要善于经营文化，打造人文校园

1. 文化是一个学校的灵魂

“学校最值得品味的地方就是文化。”校长应成为学校文化的经营者，把营造学校优质文化作为经营学校的不懈追求。 因此在学校的整体规划与建设中，校长要以超前的发展意识和现代化的整体观念进行校园建设，精心地经营学校的物质文化，提升学校的办学品位，彰显学校办学的价值取向。

2. 要营造优质的制度文化

一位成功的经营者，既要注重人们对创建制度与遵守制度的态度、价值观，更要注意学校深层次制度文化的创建。没有文化行为的改造，学校文化将流于形式，呈于表层，浮于表面，难以持久与深化。

3. 要营造优质的精神文化

学校是一个物质与精神共存的家园，优质的精神文化必须能够满足人们健康的精神成长的要求，使学校发展与师生健康的精神发展保持和谐。学校建设应在保证物质条件的同时，把主要精力放在建设教师和学生的精神世界上，使人的精神更自由，精神生活更拓展、更丰富。

4. 校长要善于经营品牌，彰显学校特色

首先，校长要有自己鲜明的办学思路和办学风格，做到办学有方向、教育有主见、管理有新招，并善于围绕自己的办学思想，对学校各种管理活动进行多因素、多方位、多角度、多手段的分析思考，充分挖掘和利用学校的优势，执著地开展办学实践，以特色带动其他方面的发展，以其他方面促进特色更加优化，进而提高办学质量，在社会上形成较高的美誉度。其次，要盘活学校的人、财、物。要充分发挥名教师的作用，使之形成地区或学科权威，并以此带出一批师德过硬、业务精湛的教师队伍，形成名师效应，使学校步入“特色学校培育特色教师，特色教师造就特色学校”的良性循环轨道。再次，要培养出一批又一批具备特长的学生。把学校办出特色，其目的就是要多出人才、出特长人才。只有培养出了一批又一批各具特长的学生，学校才能提高自己在社会上的知名度和竞争力，才能求生存、图发展。

七、特教学校校长必须学会做社会活动家

特教学校校长，应该是最不好当的校长。因为他的社会角色往往很多，要扮演不同角色：大多数的时候是教育家，有时候是企业家，有时候还是社会活动家。因此，一个幸福的校长应善于处理好各种关系。

（一）要处理好与上级主管领导的关系，争取领导的支持

任何一所学校的发展都离不开上级主管部门的支持，因此，校长要经常主动地听取上级主管部门的意见，主动接受他们的指导。对于上级的指示，不仅仅是尊重，而且要服从。即使在思想上暂时还有不同的看法，行动上也必须服从。当然，有时校长对办学可能有一些独特的思路，这就需要校长与上级领导加强交流与沟通，以争取上级的理解与支持。

（二）要处理好与企业的关系

现在中国的企业还没有形成完善的制度来支持教育，这就往往需要校长主动与有关企业建立联系，争取企业的支持。说到争取企业的支持，可能有人只想到在办学经费上的支持，这当然是很重要的一点。吸纳社会和企业的资金辅助办学，是政府所提倡的。如深圳元平特殊教育学校，每年都从香港、深圳吸纳大量资金用于学校的发展。但是企业的支持，不仅仅是经费上对学校的赞助，还应该包括让企业家从社会的角度，从经济发展的角度，对教育发展提出一些建议，这往往能开拓我们的视野。另外，通过与企业的联系，加强学校教育与社会的沟通，甚至包括拓宽学生社会实践的途径，都是很重要的。

（三）善于处理好与社区的关系

要学会主动地关心社区，关心社区的发展，关心社区的命运，让学校和社区共同成长，特教学生和社区居民共享教育成功的喜悦。做得好的校长都十分重视和社区的关系，非常善于利用校园所在社区的资源。实际上社区的资源非常丰厚。

（四）善于处理好与普通学校的关系

特殊教育还很年轻，从西方来到中国安家落户也就一百多年的历史，需要向普教学习的地方很多，如先进的教学理念、先进的管理经验等等。走进普通学校，走进普通学校的课堂，融入普教教科研的大环境，再结合特殊教育的规律，能有力促进特殊教育学校的快速发展。

第三节　影响特教学校校长幸福感的因素

幸福感是一定阶段内稳定而积极的情绪体验，一时有消极情绪或者不快，并不能认为不幸福。幸福感是一定时间内稳定的积极心理。幸福并不意味着没有压力和痛苦，幸福往往同时也伴随着压力和痛苦，当这些压力和痛苦产生并积累到一定程度，就会降低人的幸福感。因此，研究幸福，要提升幸福感，就要认清影响幸福感的种种不利因素。

一、社会因素

随着社会的发展和特教孩子家长教育意识的提高，特殊教育正逐步成为社会关注的焦点，而家长对子女成才、康复的渴望与现实的矛盾，教育过程中出现的一些问题和矛盾，往往引起社会及家长对特教学校的不满。

（一）备受关注的特殊教育

特殊教育成为社会关注的焦点首先表现在社会对残疾孩子学习、生活的高度关注，一有什么点滴小事，就会引起轩然大波。例如，某地特教学校因学生乱扔馒头，不爱惜粮食，学校总务主任拟在原来免费的基础上每个馒头收五分钱，此举意在让孩子们节约粮食，别造成浪费。于是有学生夸大其词，说学校克扣学生伙食，一个电话打到省电视台某栏目，记者如获至宝，火速来到学校，紧急采访学生。采访完也不和校方沟通就立马离开，准备编辑播发。校长不得不开车追上采访组，说明缘由。

（二）社会非常关注特教办学，特教学校和校长得面临无数个部门的干预检查

财政局、水务局、建设局、卫生局、防疫站、防雷办、电业局、环卫局、人防办、抗震办、居委会（村委会）等等，这些部门或单位都需要校长出面应对，这就加重了本来就忙碌不堪的校长的工作负荷。校长常年在这种超负荷的状态下工作，难免会感到心力交瘁，毫无幸福感可言。

二、职业因素

（一）事务性工作的繁杂所导致的“忙乱”生活状态

校长都是大忙人。早上日出前到学校，晚上顶着满天星斗回家。早上到校先巡视校园安全隐患，参加学生早操、升国旗仪式，召开干部、班主任、教师会议，去课堂听课，接打各个部门的电话，阅读文件，准备材料，协调与学校有关的单位的关系，处理突发事件，等等。校长的大部分时间都被事务性工作占据了，他们没有节假日和双休日，一些仅有的休息时间还得去开会、参加活

动等。在忙的同时，还时常有这样那样的问题需要校长亲自处理。比如协调部门与教师之间的关系，与家长沟通，应对物资短缺和交通、装备问题，应对外来干扰正常教学秩序的事件等。例如，某校院墙外进校的高压线，本属于供电局管理、维护。施工队在院墙外因不当施工，该高压线将一施工的工人电死。施工方遂以该高压线是为学校服务为由，要求学校支付赔偿费用。面对无理要求，学校拒绝赔偿，施工方后来便常到学校骚扰、纠缠，后又到法院起诉。校长苦不堪言，哪还有心思专注于教学管理，更谈不上幸福了。

（二）日常管理的具体问题和多方面难题

特教学校在运作中常会出现一些矛盾和问题，而当这样的情形出现时，往往被认为是校长在学校管理中存在漏洞。

1. 教师队伍建设任务艰巨

首先是师资队伍的数量和质量问题。一些特教学校严重缺编，缺乏专业教师。再就是特教教师专业素质亟待提高，部分特教学校师资来源复杂，有机关分流人员、转业军人等人员，在其位却不能上课。其次是教师对物质和功利的过分追求也是校长需要面对的问题。部分教师在外从事有偿家教，或开办辅导班，或从事第二职业，这些老师在校外的收益高于学校的工资水平，在这种情况下，他们对于自己在学校的行为表现和教学效果就会持无所谓的态度。这对校长而言，无疑增加了教师管理的难度。

2. 校长办学自主权低

特教学校校长的办学自主权不够，人权、财权、物权缺乏。校长手上没有人事权，想要的老师自己没办法要到，不需要的教师有时候因为上级领导的意思不得不收，校长因此时常处在无奈的境地。财权，公用经费是固定的，都规定得很死；物，所有购买的物品都要进入到政府采购体系中。同时校长还要接受学校教代会及上级机关的监督、检查。上级教育行政部门没有给校长应有的办学自主权，但是需要校长承担相应的责任，校长身上的责权不一致，致使校长们在推进学校很多工作的过程中深感乏力，手脚被束缚，做什么都要看上级领导的脸色。

3. 办学经费压力大

特教学校的所有进项就是财政部门拨付的经费。目前的经费标准远远不能满足学校正常运转的需求。当今社会，迎来送往、协调关系必不可少，而由此产生的费用，无法从经费列支。本来就捉襟见肘的经费，加上无法报销的费用，常常让校长们头疼不已。

（三）校园安全的重要性和责任担当

都说校长职业是高危职业，校园安全是关键问题。所有的特教学校校长都把校园安全问题放到了学校各项工作的首要位置。由于特教孩子的生理缺陷，致使他们的认知能力、自理能力、分析判断能力和沟通交往能力都较健全学生差。同时由于学生大多来源分散，不少特教学校又都是寄宿制学校。这样，学生的学习、生活都在校园内。学校对校内的学生只能起到教育管理的作用，全体老师根本无法做到对每一个学生在校期间的学习、活动和生活进行二十四小时的跟踪保护。虽然教育部关于学校学生伤害事故处理办法中已明文规定学校不是学生的监护人，但大多数家长都认为，学生只要进了学校门，学校就是监护人，在此期间发生的任何事情都应由学校承担责任，一旦达不到他们的要求，家长就无休止地到学校纠缠和闹事，直接影响正常的教学秩序。校长不得不抽出大量时间和精力来应付处理此类事件，最后总是迫于社会的压力和从同情的角度出发，息事宁人，想办法赔钱了事。校长们每天战战兢兢，如履薄冰。

三、教育主管部门的因素

（一）教育行政部门评价的偏差

特教学校校长幸福感的重要来源之一就是得到外界公正合理的评价。得到良好的评价，校长就会获得幸福感；得到不好的评价，校长们即便自我感觉良好，其积极性和幸福感仍会受到打击。很多时候，特教学校校长幸福感的缺失，根本原因不是校长们不作为，而是因为评价本身存在问题。主管部门不懂特殊教育，在某些地方甚至出现从来没接触过特殊教育的领导来考核特教学校，他们用普教的考核标准来考核特教学校，其结果不言而喻。例如某市教育局领导曾对某特教学校校长说："你们那儿最好办，只要不死孩子就好。"如此主管领导，如此认识，让校长欲哭无泪，哪还有幸福感可言？

首先，在评价价值取向上，一些教育行政部门喜欢以分数和升学率作为评价校长优劣的唯一标准，以分为本，以分数论英雄，这让特教学校校长很无奈。特教学校学生有其特殊性，其学习能力、活动能力，认知水平等都较健全孩子差，更由于特教学校较少，缺乏比较，教育行政部门不好评价。

其次，在评价的指标上往往侧重于从办学水平、办学条件等外显的方面去评价，不可否认，这是必要的也是必须的，但是，从特教学校校长办学的实际工作出发，就会发现这是不完善的。现行的评价往往忽略了对校长内隐的办学绩效的评价，比如办学思想的先进与否、学校是否形成有效的办学特色、学校的声誉如何以及学校的科研成果情况等。此外，特教学校实施的个别化教学，也不好评价。至于多重障碍的特教学生，不少教育行政部门的领导听都没听说过，又怎会去注意这些孩子所取得的成绩和进步？

再次，从评价主体而言，往往是上级领导部门说了算，缺乏教职工评价、学生评价、学生家长评价、同行评价以及自我评价等，评价主体单一。

最后，在评价结论上，往往把对特教学校评价的结论等同于对校长评价的结论。这样的评价方法很难反映特教学校校长的素质与工作绩效的真实情况，而且也是相当不合理的，因为特教学校校长虽然与特教学校的发展存在高度相关关系，其能力大小虽然直接影响到特教学校的好坏，但是特教学校发展的状况如何除了校长的因素之外，还有其他很多因素，如学校的师资力量、社会资源和地理位置等等。

现实很无奈，在现行体制下，校长是由上级部门任命产生而不是学校民主推荐产生的，因此校长需要对教育主管部门负责，而不是对特教学生、家长和学校负责。

（二）检查评比和干预过多

现在，地方教育行政部门普遍放权不够，管得过多，统得过死，特教学校的办学自主权受到种种制约。特教学校校长的人事权、财权得不到根本落实。一些部门领导追求个人任期内的政绩，提出不切合实际的要求，急功近利，随意干预学校的办学；更有甚者，随意抽调特教学校的教师协助其他部门工作。

再有就是特教学校校长整日被文山会海所烦扰，被计划、检查、评级所困扰。如，迎接“德育示范化学校”验收，迎接卫生防疫站的检查，迎接消防队的检查，迎接土管所的检查，等等。每个检查都至关重要，都不是小事，容不得有丝毫闪失。

第四节　提升特教学校校长幸福感的建议

特教学校校长幸福感的获得和提升是一个系统工程，需要教育主管部门、校长本人和社会三方的共同努力。上级部门对特教学校校长应转变管理理念，建立一套合理的评价制度和激励机制，给予特教学校校长积极的政策支持和更多的办学空间与时间。就特教学校校长而言，首先要有对特教事业的热爱。在具体工作中，要学会自我“松绑”；学会自我调适，提升抗压耐挫力；要增强自身的管理、领导能力和办学水平，不断完善自我、实现自我、超越自我。社会应给特教学校校长更多的理解、宽容和支持，给予他们合理的期望和评价，为特教学校校长提升幸福感提供良好的外部环境。

一、教育主管部门的因素

教育主管部门的工作意志主要通过其领导的工作态度和行为来体现。政府主管教育的领导和教育主管部门领导的工作态度和行为，主要体现在教育价值取向、管理理念、决策水平、支持程度、情感倾向、工作作风、工作方式和领导艺术等上面，它们的好坏对校长是否幸福产生很大的影响。

（一）教育主管部门对特教学校校长的日常管理，在严格要求的同时，要主动为校长们排忧解难，努力为他们营造和谐的组织心理环境

改变只靠开会或发文来指挥校长的做法，多些观察调查，及时了解校长在办学中所遇到的困难和问题，尽力帮助校长解决一些棘手的问题。对特教学校校长要给予更多的体谅和理解，在上下级之间营造一种尊重、关怀的人际环境。管理的本质在于通过对人性的正确认识而采取适宜的组织行为以提高组织绩效。教育主管部门只有真正树立幸福是人的终极目标的理念，才能从更加积极、正面的角度去管理学校、管理校长，才能真正做到“以人为本”，充分调动各方面的积极性，让各个层面、岗位的人获得最大限度的幸福体验。

（二）建立科学合理的校长评价制度和激励机制

1. 改变传统的评价标准，建立特教学校校长的发展性评价体系

传统的校长评价是对校长的工作业绩进行判断和裁定，被视为是管理的手段或环节，其主要关注的是校长的办学效益和教育质量。评价的指标比较单一，评价主体主要是教育主管部门，评价的目的是奖优罚劣。然而，由于校长工作具有综合性、复杂性以及投入潜在性和价值无形性等特点，决定了其工作业绩具有多维性、间接性、模糊性、不确定性和潜效性的特征，难以对其进行准确的量化评价和考核，所以，对特教学校校长的评价必须制定出合理的标准，从多维度评价，并坚持定性评价和定量评价相结合，实行360度评价。

这是一种发展性评价的理念，即校长评价的目的不是为了奖优罚劣，校长评价也不只是管理的手段，更是为了促进校长的发展。首先，在评价的价值取向上，应秉持全面教育质量观。作为教育主管部门，要懂得特殊教育规律，引领特教学校更好地看待全面教育质量观。评价教育教学质量，不应只看到结果，还要看教育教学的各个过程和环节。其次，从评价内容上，不仅要有外显的工作业绩，更要注重内隐的工作业绩，如特教学校校长的教育思想和教育理念、学校声誉、办学特色和知识产权等，以及校长本人对过去一年工作的主观感受。不仅要评价显效，还要评价潜效。再次，从评价主体上，应该有教职工评价、学生评价、社会评价、同行评价、上级考核、校长自我评价等多主体评价。目前，对特教学校校长的评价其评价主体仍然很单一，而评价主体的单一容易导致评价不全面，因此，特教学校校长评价中需要加入一些相关主体，以主体的多样性来削减评价的主观性。通常采用自评和他评两种方式。自评，就是先让特教学校校长对学校教职工进行评价，然后根据评价的结果，对学校的工作机制、工作气氛以及校长自己的领导风格与学校环境特征之间的适应性加以反思。所谓他评，就是以校长的管理工作为中心，由教育行政主管人员、教育督导人员、同行校长、校内教职工、学生家长、社区人士以及校外顾问分别从各自的角度独立地对校长的工作表现和工作效果进行分析和评价。在最后的评价结果出来后，及时对校长进行反馈，使之认识到工作中的成绩和不足，以

便在下一阶段工作中做出改进。最后，在具体的评价中，还要根据特教学校校长个人的特点具体问题具体分析。特教学校校长是一个独特的、不断发展和完善和不断超越自我的生命个体，如果对每个特教学校校长的评价指标都完全一样，那么就不能真正促进校长个体的发展和学校的进步。即对校长的评价中，除了要坚持一些基本的衡量标准外，还应该结合校长的个性，体现出一定差异，做到具体问题具体分析。

2. 建立基于需要层次理论的特教学校校长激励机制

激励问题是管理的核心。要调动特教学校校长的积极性，教育主管部门应该分析和研究特教学校校长的需要及其所处的层次，并在可能的条件下，建立特教学校校长的激励机制。

首先是物质激励。一是要满足特教学校校长的物质需要，使特教学校校长获得和他们的付出相匹配的报酬，能过上体面的生活。教育主管部门应确立一套与特教学校校长的贡献、业绩与待遇相对等的薪酬体系，给予其充分的物质保障。二是要给特教学校校长创造宽松的工作环境，满足其安全方面的需要，包括校长个人的人身安全、岗位安全、校园安全和心理安全。其中最牵动特教学校校长神经的就是校园安全。应通过让学生购买“校园安全责任险”，来转移特教学校的责任与风险。

其次是人际激励。当生理需要和安全需要得到满足之后，就会产生人际需要，人际需要包括两个方面：首先是归属和爱的需要。教育主管部门要考虑到校长的情感需要，给予特教学校校长充分的人文关怀，让特教学校校长拥有归属感。再就是自尊的需要。自尊以自重和自主为基础，它是心理平衡的基础。校长是办学的主体，而教育活动具有独立性，教育过程充满艺术性，这就突出了校长的独立人格和自我存在的价值。因此，应保障特教学校校长的话语权，建立并完善良好的晋升制度和表彰制度，营造良好环境，不断提升特教学校校长的社会地位，增强特教学校校长的职业认同感和自尊感。

再次是精神鼓励。人都具有最大限度地实现其潜在愿望的倾向性，人际需要得到满足之后，就会产生自我实现的需要。所谓自我实现，简单说就是“成为你自己”，是一个人力求变成他能变成的样子。

（三）全方位支持特教学校校长，为校长办学创造良好的办学环境

教育主管部门作为特教学校的领导和管理部门，其职能主要是为学校做好服务工作，其中最主要的是为特教学校校长提供宽松环境和良好条件的支持，这也是所有校长们对教育主管部门最大的渴望。当然，有些外部环境的问题属于社会问题，不是教育主管部门所能直接解决的，但是教育主管部门决不可以以此为由推卸责任，而要对其中突出的问题尽自己最大的努力去帮助学校，如理顺管理体制、落实对学校的财政投入、给予积极的政策支持等，这些都是关系到特教学校生存和发展的问题。

（四）充分信任特教学校校长，给予其办学更多的空间和时间

特教学校校长作为学校的管理者和领导者，身上肩负着诸多的义务，如教师队伍建设、学校硬件设施与设备的更新以满足教学需要，这需要校长手上有可以运用的相应的权力。而现实情况是，特教学校校长常常感觉有责无权或责大于权，上不敢得罪人，下又管不住人。人事权、财政权等，特教学校校长只是徒有虚名。

特教学校校长有很多繁琐的事情要面对和处理，经费、校园安全、教学质量是其中的重点，学校内部管理、文化建设、人际关系处理、校外交流和协调也是校长份内的事。教育行政部门应该让特教学校校长回归本位，把时间和精力还给他们，让他们在关注学校管理的同时，扎根课堂教学，积极参与教学改革。教育主管部门还应该减少会议、报表和检查，尽量取消无意义的检查和评比，减轻基层校长的负担，把校长从繁杂的事务堆里解放出来。

二、特教学校校长自身因素

幸福感的高低与外部因素有关，也与个体内部主观因素密切相连，同样的外部条件，不同的个体可能产生完全不同的幸福体验。

（一）热爱特教事业，树立崇高的精神追求

1. 对特教事业的热爱是幸福的源泉

如果一项职业是自己向往和喜爱并愿意为之发挥自己的创造力的，那么幸福感便会在工作中通过自我认识和外界刺激而合理形成，从事这项职业就是一种享受。如果所从事的职业并不是自己喜爱的，仅把它看做达成其他目的（如谋生、赢得其他职位和地位等）的手段，而只有在职业活动之外才倍感轻松、自由和幸福，那么从事这种职业活动必定没有幸福感可言。

自发的、内生的对特教的爱将是特教学校校长获得幸福感的最坚强的保障。校长爱特教事业，校长爱特教学校，爱学生，爱老师，有了爱，就有了获得幸福的方向和动力。而爱学校、爱老师、爱学生的前提是校长首先要爱自己作为校长的这份工作。“累而乐之，苦而爱之”，特教是培育心灵的事业，孟子曰“君子有三乐”，其中“得天下英才而育之”便是其中一“乐”。从这个角度讲，特教学校校长是幸福的。

2. 以“生活方式”作为自己的职业价值观

职业价值观是一个人对自己所从事职业的基本认识和态度，是关于职业的一种持久信念，是一种具体的行为方式或存在的终极状态，它不仅是评价性的，还是规范性的和禁止性的；不仅是行动和态度的指导，也是人们的价值观在职业认识、态度和观念上的具体体现。特教学校校长作为学校的管理者和领导者，其和教师一样，劳动对象是指向人的心理和灵魂的，是精神回报大于物质回报的职业。校长通过艰辛的创造性劳动，把学校建设好、把学生培养好、把教师发展好之后，因目标和理想的实现在心理上和精神上感受到职业的乐趣和人生的意义，这是从事其他职业所无法体验到的幸福。特教学校校长充分认识到这一精神性质，才能真正发现包围自己的人生诗意。这才是特教学校校长幸福感真正持久的来源。作为“生活方式”的职业，将不再仅仅是为了获取物质生活条件、职位的提升以及他人的尊敬等外在的东西，而已升华为尊重和追逐内心的真正召唤、动机和兴趣，宣泄内心深处涌动着的激情而从事的事业。这是特教学校校长幸福感得以持续获得的秘密之所在。

3. 提升专业精神

校长的精神是学校的灵魂，因此，校长必定要有精神追求。校长的精神分良心、道德心和信仰心三个层次。这就要求特教学校校长要像宗教信徒一样虔诚地对待自己从事的教育事业。

提升专业精神就是要求特教学校校长对教育的价值取向、价值追求进行重新思考，着眼于学生的健康成长和学生的身体、心灵等多方面的成长。校长要把自己定位为学校、学生、教师的服务者，一切为了特教学生，为了一切特教学生。校长只要坚定地认准这块特殊的“田地”，将残疾孩子的身体与心灵的成长视为自己的基础性工作，并以此作为自己的一种精神追求和思想支柱，那么教育作为一种文化的精神就会在这方校园里弥漫芳香。同时，教育也就会作为一种心底的信仰、一种无私的信念、一种对大爱的追求，促使特教学校校长自我甘于平凡、忍耐寂寞、坚持钻研、默默奉献。

提升专业精神是提升特教学校校长幸福感的重要途径。特教学校校长应在成长为教育家的道路上，努力学会像教育家那样去思考和探索，在实践中总结自己的经验得失；学习永无止境，努力实现自己的理想和抱负，彰显自己的人生价值，从而获得幸福感。

4. 以特教学生的成长发展而不是成果作为自己的追求

特教学校的特教学生，其自身各种生理障碍，大大增加了他们成为社会栋梁之才的难度。不可否认，极少数特教学生天资聪颖，加上自己勤奋刻苦，作出了大多数健全人都难以作出的成绩，成为国家的栋梁之才。但绝大多数特教学生，他们的知识、能力还是和健全学生有一定的差距。有的学生甚至能有自理能力就是很大的进步和成绩了。这就要求特教学校校长要把特教学生的成长和发展作为学校的追求，以特教学生的成长而不是以学生的成果作为学校成功的标志。特教学校要对特教学生的终身发展负责，学校要成为特教学生成长和发展的场所，作为特殊教育工作者要始终关注特教学生的成长和发展。

对特教学校校长而言，幸福感最主要应来自推动特教学生的成长和发展。

（二）在具体工作中，善于给自己“松绑”

1. 明确自己的需要和学校的定位，确立合理的期望和抱负水平

期望太高，就可能因难度太大导致难以实现，从而造成严重的挫折感；期望过低，不需要付出多少努力就能实现，就没有成就感。因此，特教学校校长在确定目标时一定要克服急功近利的心理，因校制宜，审时度势，保证自己的目标和期望合理可行。

2. 善于进行实践管理，改变忙乱状态

校长要善于科学合理地安排工作。学校工作千头万绪，不论哪方面工作校长都要操心。所以校长要紧紧围绕制定计划、组织执行、督促检查、总结提高

等学校管理活动不可缺少的环节，根据上级教育行政部门的要求和本校的实际情况，预先设想、超前安排，使各项工作有计划、有步骤的进行。再有就是要善于运筹时间，提高工作效率。

3. 善于向外界寻求支持和帮助

当遇到困难或者情绪不佳时，同事、亲人或朋友都可以是求助和诉说的对象，从而减缓不良的情绪。另外领导的关心和支持是减轻校长办学中出现的一些困惑的重要途径。校长平时要重视跟领导建立和谐的人际关系，多汇报、多请示，主动争取上级的重视，以获取更多的资源和倾斜政策。

（三）加强内心自我修炼，增强心理调适能力

特教学校校长面临的环境比较复杂，在工作中总会遇到各种问题和挫折。这就需要校长们善于掌控自己的情绪，做情绪的主人，提高自己对挫折的容忍力和耐受力。

1. 正确面对挫折，增强耐挫力

首先要确定适当的抱负水平。在遭受挫折后，要正视自己，衡量自己的目标和抱负是否适合。其次要合理调节情绪。面对不好的情绪体验，校长要懂得接纳自己的负面情绪，并且用合理的方式加以调节。

2. 培养积极的心态

积极向上的心态是提升幸福感的内在动力。特教学校校长要善于寻找人生乐趣，放弃不必要的攀比心和功利心，保留心中那份来自于自身职业的神圣感。

3. 学会放松和休闲

人生不能没有闲暇，那是人生鞍马劳顿的驿站，是安抚疲倦之躯和倦怠心灵的港湾。在人生艰难的跋涉中，短暂的宿营，是沙漠中的绿洲，令人神往。有益身心的放松休闲方式很多，比如看书、听音乐、爬山、游泳、打球、写字等等，因人而异，这需要每个人自己用心去体验、发现和培养。

4. 保持健康的生活方式

健康的饮食、适量的运动、有规律的作息和充足的睡眠是保持身心健康的最重要基础。

附：

中国聋教育的先行者——安妮塔·汤普森·米尔斯夫人在烟台的故事

一百二十年前，在烟台北部小城登州（今蓬莱）丹崖山下的一座平房里，诞生了中国第一所聋校——登州启喑学馆。它是烟台市聋哑中心学校的前身，中国的聋教育由此开始。

登州启喑学馆后迁烟台，先后改名为烟台启喑学馆、烟台启喑学堂和烟台启喑学校，其间历时六十年。在那个多数听力健全孩子尚无缘接受教育的年代，烟台启喑为许许多多的聋孩子开启了崭新的人生，使他们“且得人生快乐，毕业以后，能写能算，能谋生计，自立自养，不再专靠别人”；烟台启喑堪称中国聋教师资的“黄埔军校”，全国很多聋校的创办者最初都是在这里接受的培训；烟台启喑编写了中国最早的聋校教材《启喑初阶》；烟台启喑为聋女孩接受教育提供了可能，又聋又盲的中国女孩王凤英经过烟台启喑的培养，被美国人称为“中国的海伦·凯勒”……

而今，当我们回望烟台启喑走过的六十年风雨历程，不禁更加感念烟台聋校的创始人——安妮塔·汤普森·米尔斯夫人。

爱情与使命

1884年11月25日，美国姑娘安妮塔 E.汤普森远涉重洋来到烟台，与大她24岁的美国传教士查尔斯·罗杰斯·米尔斯先生结为伉俪，成为他的继室夫人。为爱情而来的米尔斯夫人，肩负着一项上天赋予她的使命：让中国的聋人也能受教育。

事情还得从头说起。米尔斯先生1862年就来到登州传教、办学，在当地声望极高。他与发妻所生的孩子中，有一个名叫盖雷的，3岁时因病失去听力。米尔斯先生的发妻1874年因病去世前留下遗愿，希望丈夫能为中国的聋孩子创造一个受教育的机会。米尔斯先生送儿子盖雷到美国罗彻斯特聋人学校学习时，结识了学校教师安妮塔小姐。而安妮塔正是因为有一个同父异母的聋弟弟，才矢志献身聋教事业的。两人志同道合，他们的爱情给中国聋教育带来了曙光。

最早的学生

初到登州，米尔斯夫人抓紧时间学习汉语，为创办聋人学校做准备。运用美国人教聋孩子时使用的方法，短短五周她就学会了至少由二百二十个汉字组成的一百九十个句子，令她的中文老师大为吃惊。紧接着，米尔斯夫人着手为中国聋孩子编写第一本教材《启喑初阶》。1886年，米尔斯夫妇的第一个儿子出生了，办学筹备工作因此耽搁。孩子一岁时得了严重的痢疾，一只眼睛几乎失明，米尔斯夫人的工作再次被迫中断。儿子康复后，她重新开始筹备办学。1887年，米尔斯夫人用美国罗彻斯特聋人学校“无声工作者”组织捐赠的五十美元，开始对外招生，次年，学馆取名登州启喑学馆。

开学之初，只招来两名学生：李三元和刘堂凯。米尔斯夫人分别给他们取名为“世界幸运儿”和“第一个”。刘堂凯进步很快，学会了写七百个字，认识了一千三百三十多个汉字，能分辨出方言在音节上发音轻重的不同。

那时，中国北方伤寒病流行，其严重后果便是可能导致人全聋或部分耳聋。据米尔斯先生调查估算，中国可能有四十多万聋人。当时，中国人并不相信聋人也能接受教育，尽管米尔斯夫妇费尽口舌劝说，仍很少有人愿意把自己的聋孩子送到学馆来。一次，为了劝说一户有钱的中国人送自己的聋孩子来上学，学馆派华人教师李先生带着刘堂凯上门动员。那个家长对刘堂凯书写汉字和理解汉语的能力十分惊讶，但当他们看到刘堂凯能和他们说话，并且通过唇读能“听”懂他们对他说的话时，却生气地把二人赶了出去，根本不相信刘堂凯是聋孩子，认为所有这一切不过是外国人骗人的把戏。

经过米尔斯夫妇锲而不舍的宣传，到1890年10月，启喑学馆在校学生达到了六名。

寻求外援

米尔斯夫人的办学资金，主要来源于美国罗彻斯特聋人学校“无声工作者”组织每年赞助的五十美元，远远不能满足学馆日常支出的需要。随着学生数量的增多，米尔斯夫妇计划再建造一处能容纳四五十人的校舍，这就需要大约五千美元的资金。他们再次向美国的聋校和对聋教育感兴趣的人们发出呼吁，寻求资助。

米尔斯夫人在写给外国友人的信中写道：“我希望看到，中国的聋人工作能由聋人自己去开创！虽然上帝赋予每个人说话的权利，送给每个人一项属于自己的工作，但只有聋人知道，在一个听力正常的家庭里，聋孩子是多么孤独！

多么无助！即使是在美国这样一块土地上，也是如此。因而聋人必须伸出手去帮助中国那些至今仍处于孤苦无助中的聋孩子。”

1892年5月，米尔斯夫妇带着三个孩子返回美国休假。当时，启喑学馆已经有了11名学生。在休假的两年里，夫妇二人走遍了美国，给美国人讲中国，讲中国的启喑学馆。为了呼吁更多的美国聋人关注中国启喑学馆，在离开美国返回中国之前，米尔斯夫人更是写了一封长达万言的求助信，详细介绍了启喑学馆的情况。米尔斯夫妇的宣传取得了很好的效果，在返回中国后，他们陆续收到了国外广泛的经济援助。这次美国之行，不仅带回了经济和道义上的支持，米尔斯先生还将带回的美国大花生成功引种到了登州。这件事，对于中国经济来说有着极大的意义，对整个中华民族的生活都产生了持久的影响。

悲痛与新生

就在学馆工作逐渐走向顺利时，不幸发生了。1895年6月21日，米尔斯先生因心力衰竭去世，年仅六十六岁。因为学馆是由非教会资金支持的，1896年1月31日，米尔斯夫人不得不忍痛关闭学馆，等待机会重新开始。

机会终于来了。1897年，在美国罗彻斯特聋人学校校长威斯特韦尔特博士的支持下，米尔斯夫人决定重新开办学馆，并将学馆迁到烟台，以利长久发展。1898年2月1日，米尔斯夫人离开生活了十四年的登州，动身来到烟台，暂租用烟台通伸旅馆为校舍，改名为烟台启喑学馆。

然而，正当米尔斯夫人收拾好一切准备开学时，不幸再次降临。她与米尔斯先生唯一的女儿露丝因患猩红热而突然夭折。这个打击太沉重了，米尔斯夫人陷入极度悲痛之中，但她并没有退缩之意。在埋葬了亲爱的女儿仅仅几天后，她又一如既往地着手准备开学事宜。三月，学馆终于重新开学了，很快便招收到七名学生。

1899年9月，随着新学年的到来，学馆面临着重大的抉择。因为学馆租用旅馆的期限仅为两年，眼看就要到期了。米尔斯夫人开始思考学馆未来的发展问题。在外国朋友的帮助下，学馆很快与当地银行签订了一份协议，先从银行手中租赁一块地皮，待学馆有了资金，可优先将该地皮买下来。

事情的进展出乎意料的顺利。学馆在景色宜人的海边买了一块地皮作为校址，1899年11月底，学馆迁到了新校址。为了防止别人说学馆在洋化中国聋孩子，米尔斯夫人决定除教学楼外，学馆的房间一律按照中国的风格建造。这是学馆第一次拥有了自己的永久性校舍。

募捐！募捐！募捐！

米尔斯夫人为烟台启喑奉献了近四十个春秋，最让她心力交瘁的不是教学工作，而是学校的经济状况。办学所需的资金，几乎全部依靠米尔斯夫人一点一滴地向中外友人募捐。在她的来往信件中，她无数次地提到了学校困窘的经济状况："……每一个月不再有一笔固定的钱……我不得不强迫自己适应这种变化……一想到我们将陷入到债务之中，我就寝食难安……即使在资金越来越少的时候，我也从来没想过要放弃这项工作。""……由于学校的资金太少，我们决定这个秋天不再招收学生了。但上个星期，一位老师告诉我，如果我们愿意发通知的话，有两个孩子想来上学。我一时不知该怎么办，最后还是给他们发了通知。结果只有一个孩子来了。我永远不会忘记那天早上的情景。那个贫穷可怜的妈妈恳求我收下她的孩子，我说我会的。但我内心却在想，只有上帝知道，他的饭从哪儿来？""从1902年开始，我们的经济状况就十分困窘。面对这种状况，一个人需要有极大的信心才不至于被吓倒。圣诞节所收到的赞助仅够学校维持到1月份。眼见我们就身无分文……"

为了呼吁人们的关注，争取更多的捐助，米尔斯夫人不停地写着求助信，其言辞恳切，感人至深。

如，她在一封信中写道："……中国有几万个聋童，他们太穷了，付不起学费，他们几乎无处寻求帮助。因此我们必须为他们呼吁……我们呼吁您捐款，是为了让这些可怜的孩子从无人关注和低下的生活中解脱出来，让他们也发出自己原本就应该有的光芒。我们希望您能从募捐中享受到乐趣……愿您加入我们的行列，一起为中国的聋哑儿童工作！"

长期的劳累和忧虑，使米尔斯夫人的身体每况愈下，她患上了神经衰弱。但即使是在回国休假的日子里，她也一刻没有停止过募捐的努力。她随身携带一百多张描述中国人生活的幻灯片，希望借助它们向外国人宣讲中国。她不停地演说，每次总以一句"为了烟台启喑学馆"而结束。在美国休假的最后三十三天里（1906年初），她共举行了二十九次演讲，写了四十多封信，接受了几次会见，其间还去参加了几次公益活动，其紧张程度可见一斑。她还被引见给罗斯福总统，罗斯福总统对她在中国所做的一切给予高度评价。

光荣退休

1923年，年近七十的米尔斯夫人光荣退休了。美丽的校园、教学楼、两所住处以及在中国其他城市逐渐开展起来的聋教育，这一切，都是米尔斯夫人倾尽毕生精力所开创的事业。烟台当局对米尔斯夫人在中国三十八年来的工作给予了极高的赞誉，称她是“中国聋教育的先驱，她用自己全部的灵魂开创了这项工作”。

但米尔斯夫人觉得自己做得还不够，她还没能将烟台这所学校完全移交给中国人自己去管理。虽然退休了，但她仍牵挂着中国的聋孩子，牵挂她为之献身三十八年的聋教育。1924年，米尔斯夫人回学校看望学生们时写了一封公开信。在信的结尾她恳切地说：“我把中国的聋人工作作为一份遗产留给你们，希望你们能够继承下去！”

1929年4月19日，米尔斯夫人在美国去世，享年七十六岁。

（烟台聋校：孙桂华 刘秋芳 赵冬梅）

第三章　做幸福的特殊教育学校教师

第一节　做幸福的特殊教育教师的条件

有这样一个故事，在暴风雨后的一个早晨，一个男人来到海边散步。他注意到，在沙滩的浅水洼里，有许多被昨夜的暴风雨卷上岸来的小鱼。它们被围在浅水洼里，回不了大海了——虽然近在咫尺。被围的小鱼，也许有几百条，甚至上千条。用不了多久，浅水洼里的水就会被沙粒吸干，被太阳蒸干，这些小鱼都会干死。

男人继续向前走着，忽然看见前面有一个小男孩，走得很慢，而且不停地在每一个水洼旁弯下腰去——他在捡起水洼里的小鱼，并且用力把它们扔回大海。这个男人停下来，注视着这个小男孩，看他拯救着小鱼们的生命。

终于，这个男人忍不住走过去："孩子，这水洼里有几百、几千条小鱼，你救不过来的。"

"我知道。"小男孩头也不抬地回答。

"哦？那你为什么还在扔？谁在乎呢？"

"这条小鱼在乎！"男孩一边回答，一边拾起一条小鱼扔进大海。"这条在乎，这条也在乎！还有这一条、这一条、这一条……"

故事里的小鱼不就是我们特教学校的孩子吗？挽救小鱼生命的男孩，不就是我们特教学校老师吗？一个有生理缺陷的残疾孩子在茫茫人海中，谁能注意到他的病痛、寂寞、无奈、快乐、成长和幸福？谁在乎残疾孩子的感受和未来？毕竟，他们是这个社会的极少数，以至于很多时候被人忽视。只有教育他们的老师，了解他们，关注他们，在乎他们。教育是什么？著名教育家叶澜说："教育是直面人的生命，通过人的生命，为了人的生命的质量提高而进行的社会活动，是以人为本的社会中最体现生命关怀的事业。”特教学校教师面对的就是这些残缺的生命，就是为了提高残疾孩子生命质量而辛勤、努力工作的一群教师。

追求幸福是残疾孩子最基本的诉求。残疾孩子的幸福来自于家长，来自于社会，更多的则来自于教师。教师幸福与残疾孩子幸福之间的内在统一，是幸福教育的基本特征，而教师又在其中起着主导作用。只有有了幸福的特教学校教师，才有幸福的特教学生，才有幸福的特教学校学校。教师是建设幸福校园的主体，教师是残疾孩子幸福的创造者。特教教师的幸福从何而来？北师大肖非教授认为：“教育是心灵的事业，做教师就是幸福的职业。”孟子也认为：“得天下英才而育之，君子之乐也。”做一个教师是幸福的，因为他在培养国家未来的人才；做一个特教教师更幸福，因为他在把残缺的花朵重新塑造成鲜花。

一、幸福的特教教师要有理想、激情和诗意

任何教师要想有较高的成就、较高的水准，首先必须有远大的理想，有自己的人生目标和人生规划。研究证明，人的抱负层次越高，成就就越大。特教学校教师走上工作岗位后，必须为自己设置一个一生为之奋斗的目标。只有设置了这样的目标，才能把自己的所作所为锁定在这个目标上，才能不断增强自我意识和使命感，才能不断地进行自我挑战，否则会走弯路，会荒废时间及精力。

一个幸福的特教教师，他应该是个天生不安分、喜欢做梦的教师。教育的每一天都是新的，每一天的内涵与主题都不同。只有具有强烈的冲动、愿望和使命感、责任感，才能够提出问题，才会自找“麻烦”，也才能拥有诗意的教育生活。创作需要灵感、悟性和冲动，真正的教育家也应该具备这样的品质，永远憧憬明天。冲动停止，教育终结。

一个幸福的特教教师，必须具有远大的理想，不断地给自己提出追求的目标，同时又要有激情。对一个成长中的教师来说，平静的思考是需要的，但更要富有激情。人要会“做梦”，幸福的教师会永远伴随着自己的梦想；当生活没有了梦想，生命的意义就终结了，教育也就没有意义了。

二、幸福的特教教师要有爱心、耐心和恒心

爱的教育，是教育力量的源泉，是教育成功的基础。夏丏尊先生曾说："教育没有情感，没有爱，如同池塘没有水一样。没有水，就不能称其为池塘。没有情感，没有爱，也就没有教育。"不少特教教师日复一日年复一年地教，但是他们从没在教的过程中找到过乐趣，心中也从未涌起过一种爱的热潮，有的甚至逐渐麻木，更无法感到幸福。这样的教师永远不可能取得教育上的成功，永远不可能把握教育的真谛，也自然不会成为幸福的教师。

台湾著名教育家高震东先生说过："爱自己的孩子是人，爱别人的孩子是神！"特教教师爱的是有缺陷的残疾孩子，他们比普教教师更伟大，比普教教师更有幸福感！

爱心更能创造奇迹！特殊教育是一个能够把残疾孩子的创造力、想象力和全部能量、智慧发挥到极限的、永远没有止境的事业。这还不值得去爱吗？未来的特教教师更应该投入全身心的力量去爱残疾孩子、爱特殊教育。只有爱，才能赢得爱。你爱特教事业，特教事业也爱你，你才能获得事业上的乐趣；你爱残疾孩子，残疾孩子也会爱你，也才会让你在和他们的交往中忘记外面的世界，忘记生活的烦恼。

特教教师爱残疾孩子，还有一个重要表现，那就是相信孩子。每个残疾孩子都具有巨大的潜能，而且每个孩子的潜能是不一样的。只有独具慧眼，发现每个残疾孩子身上的潜能，并鼓励孩子不断努力、探索，才能使他们的才华得到淋漓尽致的发挥。

特教教师所面对的残疾孩子，都有不同程度不同类型的障碍，他们或反映迟钝，或沟通困难，或学习困难，要采取不同的教育方法和手段进行教学，即便如此，教学效果有时候还收效甚微。这就要求特教教师具有足够的耐心，反复教、反复练，直到教会、学会为止。光有爱心，没有耐心，教育的效果会大打折扣。耐心也是爱心的保证。光有爱心，没有耐心来辅助，爱心也不能持久。

恒心，是特教教师必不可少的需要坚持的必要条件。毛泽东主席曾写下"贵有恒，何必三更面五更起；最无益，莫过一日曝十日寒"的著名对联，以此提倡"持之以恒"的学风。有爱心，有耐心，而没有恒心，也将一事无成。

毛泽东主席还说过："一个人做一点儿好事并不难，难得是一辈子做好事。"也是在说恒心的重要。恒心，可以说是所有成功的最重要的保障。一个对残疾孩子具有爱心、耐心和恒心的特教教师，一定是成功的特教教师、优秀的特教教师，也是幸福的特教教师。

三、幸福的特教教师要善于学习

特教教师职业的专业性对特教教师素质提出了更高的要求，作为一名特教教师，应该具有"崇高的专业道德、复合型的知识结构、综合性的能力结构、现代化的教育理念、健康心理、良好个性、自我专业发展需要和意识"等。这些都要求特教教师要不断地进行学习和研究，走专业化发展的道路。而目前特教教师的现状是，部分教师学历偏低，素质不高，特教专业知识与能力缺乏，不能适应特教工作的问题日益明显。所以，勤于学习，充实自我，是成为一名优秀特教教师的基础，也是成为一名幸福特教教师的基础。

为促进教师专业发展，教育部、财政部自2011年开始开展"国培计划（2011）——中西部骨干教师培训特殊教育专业培训"活动，至此，已经为全国各地的特教教师进行了多起培训。同时各省各地市也分别开展了省市级特教教师专业培训。教育行政部门和高等院校搭建的培训平台也为特教教师提供了良好的学习机会，参训教师受益匪浅，收获颇多。山东省某位参加2012年国家培训的教师在博客中写道：

这次"国培"是肖非、刘全礼、潘梅英、邓猛、于素红、何迎春等著名特教名家带给我们的"知识大餐"与"理念洗礼"；培训内容丰富，涉及特殊教育教师专业化成长、聋校课堂教学评价、德育研究、校本课程开发、聋生行为问题纠正、个别化教育和全纳教育等；培训形式多样，有专家讲座、问题研讨、案例教学、小组互动交流、行动学习、网上研修和专题沙龙等；培训生活多彩，白天学习，晚上写收获、反思，参加专题沙龙活动等。

通过十天的"国培"学习，专家们的教育教学理念、人格魅力和治学精神深深印在我的心中；认识了来自全国各地的特教朋友，他们的学识让我赞叹，他们对特教事业的那份挚爱之情感染着我。在与大师对话、和名家交流、思想与思想的碰撞中，我找到了今后努力的方向——做一个善于反思与读书的老师。

思在左，行在右。综观名师所走过的成长之路，名师的成长路就是名师的反思路。日常生活中，我也要善于观察，勤于思考，每天反思“我尊重学生了吗”“我关注学生发展了吗”“学生有进步吗”，于反思中提升我的教育教学能力，促进专业化发展，寻回职业幸福感。

在阅读中慢慢成长。当我听着学识渊博的专家们那高深的特教理论时，我懂得了读书的重要；当听着同伴们诉说着自己的读书收获时，我感觉与他们的差距那样大。

读书、育人是一个教师的生命轨迹、成长轨迹，教书的根在于读书。在今后的生活中，我也要多读一些如《特殊教育研究法》《解析儿童自闭症》和《雨中起舞》等书籍，在阅读中获取更多的专业知识，拓展自己的特教视野，提升专业素养，在阅读中慢慢成长，让书香沁泽我的心灵，用书籍装点人生，在悦读中让生命灵动！

国培是我前进的航标，教育教学中，我会静下心来，在“读、写、思、研”中提升自己的专业水平。国培激发了我前进的动力，我会为了残障学生的发展而努力，为丰盈自己的专业而前行。国培让我学会了坚守——坚守心中对特殊教育的那份挚爱与追求，在成长路上，且行且思，慢慢成长。

时间总是在不经意间悄悄划过，来自全国各地的特殊教育骨干教师在相互激励、相互学习中度过了多彩的“国培”十天。这十天于我而言，是那样的短暂，还没等我细细品味特教专家那前沿的特教理念时，就划过去了；还没等我向一线特教骨干教师们请教完我教学中的困惑时，就迎来了分离的时刻。

十天的培训，我收获了太多太多。从肖非教授身上，我懂得了读书与反思的重要；从刘全礼老师身上，我明白了如何去上好一节课；邓猛教授让我懂得了开发适合于残障学生学习的校本教材的重要性；从潘梅英校长身上，我懂得了“有爱无碍，以生为本；一切为了聋生的健康成长，为聋生的生存和发展奠基”的内涵；于素红教授让我懂得了“给孩子一份希望”，让个别化教育计划为他们护航；葛娟教授让我明白了“爱让生命完整”的真谛；孙月鹤教授让我牢记：用心关注每个残障学生；何迎春校长让我知道“带着感恩，快乐前行”。

我们相聚虽短，尽管彼此叫不出名字，可当我们彼此拥抱、握手、激励时，我们的心却紧紧地聚在了一起。

我即将带着满满的收获、感动与激励踏上回家的火车，此时的我竟是那样的不舍，不仅因为“国培”留给了我太多太多值得回忆的精彩，更为了国培帮我找到了前进的方向。

为促进教师专业发展，造就高素质特教教师，各特教学校也组织了多种形式的教师培训和学习。如山东省济南市特教中心利用暑假开展了“善于读书，终身学习”活动。

为倡导广大教师热爱读书、终身学习，不断促进教师专业发展，努力造就一支师德高尚、业务精良的高素质师资队伍，根据济南市教育局指示精神及我校2012年暑期工作意见，我校利用暑假组织了形式多样的教师培训和学习。撰写五千字的读书笔记和两千字的读书心得便是我校教师学习的形式之一。

开学之初，学校教务处对老师们的读书笔记和读书心得进行了认真、仔细的检查和总结。此次共收到老师们的读书笔记五十三本、读书心得五十六篇。通过逐本、逐篇地翻阅可以看出，老师们都有很高的自主学习热情，态度积极主动，书写认真。可喜的是，从读书内容来看，有的老师涉猎广泛，除学校推荐的规定书目外，还广泛阅读了《第56号教室的奇迹》《陶行知生活教育思想》《于漪与教育教学求索》、李镇西的《做最好的老师》以及《名人传》等大量中外经典作品。尤为可贵的是，不仅有精彩片段摘抄，更有读书后结合个人教育教学的所思所感，留下了自己思想的足迹。这种善于从读书中汲取营养、为我所用的做法值得我们广大教师学习。

本次读书活动，学校有针对性地推荐书目，让阅读更符合教师专业发展的需要，更好地促进教师的职业发展。周国平说过，以书为师，以书为友，以书为敌，这是读书的三重境界。我们倡议：善于思考，善于化用，善于创新，为我所用，做一个思考着的教师！

四、幸福的特教教师要善于融入团队，具有人格魅力

一个幸福的特教教师，应该是一个善于合作，具有人格魅力的教师。

竞争基础上的合作，合作基础上的竞争，是现代社会的显著特征。一个不善于合作的特教教师，走不了太远，因为这个社会是需要合作的社会。社会如

此，教师职业也是如此。

我们的教育对象是有障碍的残疾学生，而且我们与他们又处在非常复杂的社会环境中，时时刻刻接受多方面、多层次的影响。特教教师的影响施加得如何，取决于力的平衡。教师的影响在多大程度上能够成功，取决于教师能在多大的层面上协调各方面的力量，共同对学生施加影响。一个会做工作的特教教师，善于调动千军万马来实现自己的教育抱负。有不少教师个人素质很好，但是缺乏合作精神，与别的教师斤斤计较，这样的教师不会有多大出息。

合作是多方面的，有教师和教师的合作、教师和学生的合作、教师和家长的合作、教师和校长的合作以及教师和社会的合作。对于合作和竞争，要采纳“双赢”的观念。在竞争中只有一个赢家，那么合作就有困难。事实上，只有双赢才是真正意义上的积极的竞争。

真正高明的特教教师，应该是一个非常尊重他的同事、非常尊重他的领导、非常善于调动各方面积极因素的教师。那么怎么成为一个受欢迎的教师？

第一要常换位思考。生活中过多的本位、过多的以自我为中心必然会导致冲突。这些冲突可以通过换位思考得到很好的解决。所以说在工作和生活中，我们的教师要多站在对方的角度去思考问题，这样就不会抱怨别人，就会理解别人，同情别人。这样的教师就会被视为一个善解人意的教师。所谓“善解人意”，就是换位思考。换位并不意味着不知道自己的存在，而是同时也知道别人需要什么，并会在别人需要的时候，及时伸出友谊之手，而不是视别人的痛痒而不顾。

第二要学会尊重。尊重是人的一个非常重要的心理需要，同时它还是一个很高层次的需要，是在人的生存、生理等方面需要得到满足之后产生的。苏霍姆林斯基说，自尊心是人的心灵里最敏感的角落。一旦挫伤一个人的自尊心，他会以十倍的疯狂、百倍的力量来和你抗衡。士可杀，不可辱。因此，特教教师一定要尊重他人尤其残疾孩子的人格。最典型的例子如：听力障碍学生最讨厌别人喊他“哑巴”，视力障碍学生也不喜欢别人喊他“瞎子”，而称呼他们为“聋生”“盲生”，他们会接受。

第三要互惠。我们特教教师在与人交往的过程当中要学会给与。在共同的活动中，大家能分享活动的成果，在活动中得到相应的回报。有些人在看待教育过程中是吃亏了还是占便宜的问题时，往往看不到自己的所得，这就导致了各种各样的交往失败。

一个优秀的善于交往的人，一个幸福的教师，应该能够讲一点奉献精神。这样一种精神和境界的背后是能得到回报。所有的付出都会有回报，所有的付出都会有收获，交往的过程实际是利益平衡的过程。斤斤计较于眼前的得失，表面看暂时得到了一些，但实际上将失去长远利益，其实得不偿失。

如果一个特教教师真正做到以上三点，那么他一定会赢得教师群体的尊重，赢得校长的尊重，赢得残疾孩子的尊重，赢得残疾孩子家长的尊重。

五、幸福的特教教师要自信、自强，不断挑战自我

一个幸福的特教教师，应善于认识自己，发现自己，对生活充满激情。一个人永远不会超越他内心追求的目标。同样，一个人也永远不会超越对自己的评价。一个人对自我的评价，往往是这个人事业能否成功的标志。自信使人自强，适当的“骄傲”使人成功。只有自信，才能使一个人的潜能、才华发挥到极致，也只有自信才能使人得到“高峰体验”。培养人就是培养他的自信，摧毁人就是摧毁他的自信。

特教教师面对的是残疾孩子，工作是繁重、琐碎和重复的，而付出和回报又往往难以与之成比例。付出不一定有回报，或者付出和回报不成比例，特教教师难有“桃李满天下”的成就感。而残疾孩子的特殊性，又让特教教师感觉距离成功太远。缺乏自信，让特教教师难以走远。

其实，任何一个人都可以取得巨大的成功，任何一个教师也都有可能取得巨大的成功，只是我们还没有找到成功的道路。一个幸福的特教教师，应该不断地追求成功，设计成功，而更重要的是要“撞击”成功。因为人来到世上并不知道他会成为什么样的人，只有去撞击每一个可能成功的暗点，才有可能撞出成功的火花。我们要有这样或那样的冲动，有这样或那样的撞击，这是难得可贵的。当一个特教教师停止了“撞击”，就意味着他对生活失去了信念，对自己的存在失去了自信。

在特教学校，不少特教教师对自己充满自信，对工作充满激情，对残疾孩子充满爱心，对生活充满希望。他们不断学习，努力工作，逐步提高自己的业务水平，并挑战自我，取得了不凡的成就：有的成为当地教育战线的排头兵，

有的成为专家型教师，更有的获得“特级教师”的荣誉称号。

六、幸福的特教教师要学会享受生活的乐趣

特教教师的生活是平凡的、琐碎的、宁静的。但是，充满情趣的教师会在平凡而琐碎的生活中发现快乐、体验快乐、享受快乐，成为拥有幸福感的教师。充满情趣的教师会在单纯的教学过程中磨砺自己，并成长为一位有阅历、有色彩的教师，进而用这份灵气去影响和熏陶残疾孩子，用自己的品格、知识和智慧培养出有品格、有知识、有智慧的学生。

我们经常发现，在同一个单位工作的教师，有的人朝气蓬勃，充满了青春活力，生活得有滋有味；而有的人则整天无精打采，怨天尤人，无论干什么都提不起精神，感到生活枯燥乏味。究其原因，除了与个人的生活境遇和思想境界有关外，还与个人的生活情趣密切相关。

多一些情趣和爱好，不仅能提高教师的生活品质，还有利于促进教师的身心健康，帮助教师缓解职业倦怠，让教师的生活变得多彩，让教师的生命绽放光彩。与此同时，学生也才能欣赏到教师内心世界那片广阔的美丽风景，在健康、高雅、和谐的校园生活中感受到教师生活的幸福与快乐，感受到知识财富的价值与力量。

肩负教书育人使命的教师应该自己学会调整心态，有意识地培养健康而高雅的兴趣爱好，如琴棋书画、吹拉弹唱、弄拳舞剑、游泳骑行、打球种花、钓鱼写作等等。要知道，特教教师对学生的影响不只是知识的熏陶，而且是全方位的人格培养与陶冶。教育要为学生的幸福人生奠基，没有高雅生活情趣的教师示范给学生的，充其量只是“以苦为乐”和“苦尽甘来”的人生理念。快乐的特教教师会把快乐传递给残疾孩子，有生活情趣的特教教师也会培养出有生活情趣的残疾学生。

第二节　影响特殊教育学校教师幸福感的因素

教师幸福感就是从事教师职业时基于需要获得满足、潜能得到发挥、能力得到提升所获得的一种持续快乐体验。教师的幸福感是教师做好教育教学工作的精神力量和前提条件。但现实中特教教师的幸福感这个问题不容乐观，有的教师存在职业倦怠，有的压力过大，还有的教师存在焦虑、烦躁、抑郁、心理失衡等不良情绪。据《中国教师报》“教师幸福调查”（《中国教师报》，2013年3月20日，一版）显示，影响教师幸福感的因素依次是：学校风气不正，管理水平低下；教师社会地位和收入偏低；学生厌学，管理难度大；无谓的检查过多；考试评价不合理；职称评定竞争激烈；教师工作负担过重，缺乏成就感。造成这种现状的原因是多方面的，概括起来，影响教师幸福感的主要因素有以下三个方面。

一、社会环境因素

随着素质教育的实施和人们对教育的重视，教育越来越成为社会关注的热点。近年来，党和政府越来越关注弱势群体，关注特殊教育，关注特殊孩子。社会和残疾孩子家长对特教学校和特教教师也提出了更高的要求。家长期待特教学校和特教教师能让孩子得到最大程度的康复、教育，最好能像健全人一样融入主流社会。但目前特教学校和特教教师尚不能满足家长这样高的要求。这样，家长和特教学校及特教教师就产生了基本矛盾。再加上个别教师师德师风的确存在问题，特教学校和特教教师开始受到冲击和质疑。社会应当还特教教师一个合理的担当和愿望，尊重和体谅特教教师工作的特殊性、复杂性和艰巨性，给予特教教师更多的支持和关心。

特教教师地位的提高不但是文明社会的重要标志，而且是特教教师幸福感的基本条件。特教教师社会地位的高低是社会对特教教师职业认同的直接体现，不仅决定着特教教师群体能否获得来自社会的积极评价，而且决定着特教教师的物质生活水平和特教教师对职业的自我评价。只有提高特教教师的社会地位，才能使特教教师感觉从事这一职业是光荣的，从而在内心建立起对这一职业的高度认同感，并激发内在的积极性和创造性。

笔者于20世纪90年代刚到特教学校工作的时候，和不熟悉特教的朋友交流，他们总是一脸惊讶："你在那儿上班？怎么教？他们打你吧？你怎么干这个职业？调出来吧，到普通学校干多好！"人们对特殊教育有如此片面的认识，以至于好多年轻同事不愿意说自己在特教学校工作。如此社会环境，特教学校的教师如何能感觉到幸福？经过二十多年的发展，社会物质文明和精神文明程度都得到了提高，特殊教育的发展也得到了社会的认可和赞誉。如今，当我再和朋友聊起特教的时候，他们总是一脸羡慕："真好！辛苦！你们献爱心了。你们待遇挺高！"党和政府现在越来越关心特教了。国家和政府对特教的关心和支持，媒体的宣传与报道，残疾孩子取得的成绩，特教学校取得的成就，让更多的人了解特教，并开始关心和支持特教！特教教师的社会地位逐渐上升，收入也逐渐提高，特教教师成为不少人羡慕的职业。

二、学校因素

（一）学校制度

幸福感是特教教师发展的人本目标，也是学校发展的目标之一。构建和谐的学校制度文化是教师体验幸福感的基础。宽严适度的柔性化管理措施、完善的学校民主制度和领导勤勉亲民的工作作风对教师幸福的实现具有积极作用。应坚持校务公开，落实好教代会制度并使其"常态化"，提高特教教师对校务的知晓程度与参与程度。例如，在研究学校重大问题或涉及教师切身利益的问题时，可吸收教师代表列席或参与校长办公会议，以充分调动教师参与学校管理的积极性。特别是在制度建设上，让制度形成的复杂过程成为教师参与的生动过程，使教师成为制度制定和执行的统一主体，从而使教师更大程度上认可学校制度，并提高执行制度的自觉性。

如某省特教学校2011年学期总结专门提到加强制度建设问题：

四、加强学校制度及廉政建设

1. 健全教代会制度，坚持校委会议事制度，坚持教职工民主决议，坚持一事一议制度。凡事关学校发展大计、牵扯教职工考核评优、职称评聘等有关事宜，都由教代会或全体教职工民主决策。

2. 坚持公开 、公正 、公平，坚持阳光政策，坚持透明。春节前教职工专业技术岗位竞聘工作自始至终阳光操作，平稳推进。

3. 坚决贯彻执行市教育局的八项管理规定，严格执行财务制度，不断完善和健全食堂采购制度。

特教教师的幸福感还来自特教学校的充分信任与激励。教师是“自由之精神，独立之人格”的守护者，教师幸福感的核心是精神的自由、职业的自由和学术的自由。知识自由了就会形成思想，学习自由了就会成为学术，作为学校管理者必须了解每个教师的个性，因势利导，发挥其各自特长，努力给予其专业自主权。特教学校要在特教教师的业务发展、职称评定等实际问题上提供尽可能的和应有的帮助与指导，让每一位特教教师都有崭露头角、尝试成功的机会。努力通过“三工程”提升教师幸福指数。即用“温暖工程”为教师减压，用“形象工程”增强教师的归属感，用“名师工程”满足教师的发展需要，让教师的幸福感在学校的人性化管理和人文关怀中得以实现。特教学校是教师获得幸福感的场所，特教教师和特教学生是鱼与水的关系，特教学校要牢固树立以“教师为本”的管理理念，只有学校管理中的“教师第一”，才有教师心目中的“特教学生第一”。因此，特教学校应既支持教师的工作，又关心教师的生活，为教师提供足够丰富的“精神食粮”，并组织开展一些文体活动，在丰富教师生活中促进其彼此间的沟通与交流，增进互信，提升教师的幸福感。

（二）教学条件

特教教师的幸福感受到教学条件和职业环境等客观因素的影响。首先是学校声誉，如果教师所属特教学校的社会认可度比较高、美誉度比较高，那么他就会有更多的自豪感，对于所归属的团队有更高的认同。反之，则产生负面效应。如某省一所特教学校因教师违法犯罪被绳之以法，学校声誉一落千丈，属地残疾孩子不敢到该校上学，该学校其他教师也羞于承认为本校教职工。如此，还有什么幸福感可言？创办特色特教学校，促进特教发展是特教教师幸福感的来源之一。某特教学校注意加强职业教育，充分利用当地旅游资源，开发了聋生刻瓷专业。此举将聋职业教育与当地旅游市场结合起来，与爱国爱家乡的思想教育结合起来，效果良好，走出了一片新的天地。该特教学校师生谈起本校的特色教育，无不眉飞色舞，为之自豪和骄傲，幸福之情溢于言表。再有就是教学设施、仪器设备和图书资料等物质条件，应能够满足特教教师开展教学活动的需要，提高教育教学的有效性，从而满足特教教师的专业自主之所求，有助于特教教师幸福感的形成。从2008年开始，国家和各省陆续为各所特教学校划拨了专项资金，配备教学设施和图示资料等。各地特教学校的教学条件得以根本改观。

（三）劳动强度

健康的体魄是特教教师享受幸福的基石，是实现理想目标的保证。特教教师既要教书，又要育人；既要传授知识，又要发展特教孩子的能力；既要关心课堂上的学生，又要留意生活中的学生；甚至一些本该由家长行使的监护责任也成了教师的事情。特教孩子大多离家较远，在学校寄宿。特别是一些年幼的孩子自理能力很差，更需要特教教师给予特别的关爱。繁重的教学任务、压倒一切的安全责任，还有充当“代理妈妈”的角色，使特教教师身心疲惫，还谈何幸福感？超负荷的工作量，使处于亚健康状态的特教教师比例越来越高，严重影响了教师的身心健康。鼓励教师带病工作、超负荷运转，是对教师、学生和教育事业的不负责任。

由于地方财政和人事部门的原因，一些特教学校教师总体年龄偏大，新教师进不来，出现青黄不接的现象，这无疑加大了教师的工作量和劳动强度。

（四）人际关系

和谐的人际关系是实现幸福感的重要保证。一个和谐的人文环境应当有领导的关怀、同伴的互助、公正的评价和社会的认可等。由于特教教师与外界交往机会少，视野欠开阔，每个人都固守着一份矜持、自尊和清高，造成了不应有的人际沟通障碍。特教教师与领导、同事和学生家长等人的交往是教师的职业常态，是每一位特教教师必须时时面对的现实。幸福，不仅是个人的追求与享受，也是人与人之间“分享”的一种体验，特教教师不仅要善于与学生分享知识和经验，而且要善于和领导、同事和学生家长进行平等的交流与合作，从多方面吸取教育的智慧和真情。

特教教师的大部分时间都是在校园度过的，同事间的团结、合作和信任是教师幸福感的重要组成部分。研究表明，来自同事的支持比来自行政方面的支持更能有效缓解教师的压力。因此，建立和谐的人际关系是教师幸福的起点，如果同事间能关系融洽，彼此都能坦诚相待，办公室里经常传出欢声笑语，幸福感定能油然而生。同事既是工作伙伴，又是竞争对手，无论自己再怎么优秀都有可能遇到强劲的对手，这方面学历、资历固然重要，但更重要的是自己的人格和本领。对待同事要不拘小节、学会宽容、以诚相待、以德服人，牢记“小胜靠智，大胜靠德”。学会宽容是一种美德，如果这种宽容发自内心，就是一种博大，在这种博大的阳光照耀下，任何种子都会萌发生机。

（五）认可度和安全感

作为一名教师，最大的荣誉莫过于通过自己的努力赢得社会的肯定和尊重。近几年，教师的社会地位不断提高，教师的职业声望不断提升，社会上形成了一种尊师重教的良好风气。无论是学生家长还是其他行业人员，在与教师交往的过程中，对教师的职业身份有一种自觉的高认可度，这也奠定了教师幸福感的一个社会基础。随着社会的发展和进步，对特教教师的认可度也在不断提高。

人事制度改革的不断深化，优胜劣汰的用人机制的推行，“竞争上岗”导致“唯恐下岗”，这些都成为教师压力的主要来源，明显高于社会期望及课程改革带来的压力。目前学校盛行的末位淘汰制也是一个欠科学的做法，给教师们带来了不安全感。而这种不安全感亦影响教师的幸福感。

三、教师个人因素

（一）职业认同感

教师的职业认同感是享受幸福的心理基础。当前，教师职业在获得较高社会认可度的同时，也面临着教师自身认同感日益降低的现实问题。这种现象不但从根本上抑制了教师的幸福感，而且直接影响到教育事业的发展。调查研究表明，“谋生手段”作为教师职业观是教师幸福感缺失的内部根源，而“生活方式”成为教师幸福感的真正来源，职业理想的实现所带给教师的幸福体验是物质刺激无法代替的。特教教师只有从心底喜欢自己所从事的职业，把特教学生的成功当成自己的成就，那么教师每天的工作将不再是重复而是创造，不是牺牲而是享受，工作尽管很苦、很累，但“累并快乐着”。影响特教教师幸福感的许多不利因素都可以从学生对教师的尊重、理解和感激中得到弥补。

愉悦的心境是有效的教育资源，积极向上的心态是提升幸福感的内部动力。特教教师要学会适应环境、学会安抚自己、学会调适自我，“知足常乐”；要耐得住寂寞，抗得住诱惑，保留心中那份来自职业的神圣感，让快乐伴随自己每一天，让教育的梦想长留心间。

（二）专业化水平

特教教师的专业发展也影响其幸福感的获得。特教教师自身要有“德”还要有“术”。幸福的得来不是靠消极的等待，而必须通过走专业发展之路来提高自身的素质和能力。如果一名特教教师的专业素养较高，在工作中不但能愉快胜任，而且能举重若轻、游刃有余，更能体会到工作的乐趣，否则就会感到力不从心、如履薄冰和沮丧焦虑。特教教师专业发展水平直接关系着课堂教学的呈现方式、师生情感交流的状态和能否基于教学成就产生幸福体验，离开教学过程的教师幸福感是不存在的。当专业发展达到一定的高度，必然会形成自己的教学思想和风格。人有思想，才有魅力，才能赢得领导的赏识、同行的尊重、学生的爱戴和学生家长的信任，此时自己的幸福感也必将油然而生，并逐渐得到加强。

课堂是特教教师职业生涯最重要的舞台，应努力营造充满生命活力的课堂，和学生一起享受、一起快乐，而教学过程则是充实、提高和完善自我的过程，焦虑和烦恼也随之减少。沉闷、枯燥、乏味的课堂不仅对学生是一种摧残，对教师也是一种折磨。教师的专业发展越充分，构建幸福课堂的能力就越强，享受课堂的体验就越深刻，教师的幸福感就越强。在幸福的课堂里，师生共同进行知识意义和人生意义的建构，教学就成为师生共同的幸福旅程。

（三）生活状况

特教教师的幸福感来自于家庭和谐、生活无忧和身心健康，而家人、朋友、闲情、雅趣是幸福生活不可或缺的。首先，和谐的家庭关系是特教教师幸福的保障。一位幸福的特教教师身上必然拥有亲情、友情和爱情，要树立为家庭的幸福付出自己一份责任的意识，孝敬父母，关心家人，呵护孩子，营造和谐的家庭氛围。其次，高雅的生活情趣也是幸福感的不竭来源。如看书、写字、拉琴、打球和听音乐等，利用休息日放松身心，到大自然中去，充分享受休息、娱乐的权力。再次，稳定的经济收入是提升特教教师幸福感的物质基础。人只有在其物质需求得到满足的情况下才能生存，才有幸福可言。特教教师合理需求的满足是幸福的基础和起点。因此，逐步提高特教教师的经济待遇，解除特教教师的后顾之忧，是实现特教教师幸福感的重要条件。

特教教师幸福感的强弱直接关系到特教教师队伍的稳定、教育教学质量的提高和特教学生的全面发展，只有幸福的特教教师才能培养出幸福的特教学生；没有特教教师的幸福感，就不会有特教事业的健康发展。

第三节　提升特殊教育学校教师幸福感的建议

教师幸福感是教师职业生活的重要内容，也是衡量其工作生活质量的重要指标。积极心理健康教育创始人孟万金教授在接受《中国教育报》专访“办一所幸福的学校”中指出，教育的幸福应该包括学生和教师的幸福，教师的幸福关系到学生的全面成长，而不仅仅是教师的问题，具有教育价值。但目前来看，特殊教育教师易出现职业倦怠、职业枯竭等现象，他们的幸福感并不高。因此，增强特教教师的幸福感对特殊教育至关重要。

一、树立积极的特殊教育教师职业幸福观

特教教师是教师队伍中的特殊群体，其工作对象是患有各种缺陷的特殊儿童，所以特殊教育教师的素质要求更高。一名合格的特教教师首先应是一名合格的普通教师，此外还要具有特殊教育学、特殊儿童心理学等知识，熟练掌握特殊教育的基本理论和方法及各方面的技能，会实际操作相关研究方法了解、评估和诊断特殊儿童。必须达到特教教师的伦理准则要求，具备良好的心理素质。我们无法改变特殊儿童的先天缺陷，但是我们可以努力营造良好的后天环境，使特殊儿童得到更好的发展。幸福感可以促使特教教师转变观念，从全新的角度理解特

殊教育这门职业，以积极的心态看待特殊儿童，相信每个儿童都是能教会的。特教教师幸福感的实现，需要个体具有健康向上的人生观、价值观，应该看到每个特殊儿童都有发展的潜能，都有自我向上的成长能力。应用积极的眼光看到特殊儿童的优势，发挥其潜能，而不仅仅局限在“缺陷补偿”上。

南师大杨启亮教授把教师的职业境界分为四个层次：一是把教育看成是社会对教师角色的规范与要求；二是把教育看成出于职业责任的活动；三是把教育看成是出于职业良心的活动；四是把教育活动当做幸福体验，即教师职业的最高境界是把社会的要求转变为自身自觉的行为，从“他律”变成“自律”，把教师职业从“谋生手段”变成追求事业发展的生活方式，把教育当成幸福的活动。特教教师每天面对的是活生生的特教学生和不断变化的教育情境，其教育工作具有时间上的长期性和空间上的广延性的特点。教师只有把“社会角色”和“个人角色”统一起来，把职业生活和自己的生活融为一体，把教育变成自己的生活方式，把教育当成实现自我价值，满足主体性需要的“事业”来追求，才能达到马斯洛需要层次理论中的最高层次——自我实现的境界。进入这一境界的教师，会积极主动地创造，热爱残疾学生，热爱特教事业，心甘情愿地付出；虽然教育工作比其他工作更具有奉献性，但达到自我实现境界的教师并不觉得自己是在奉献，而是从工作中体验到生命的充实和生活的乐趣。正如下面这首诗所言：

教师宣言

我不愿
我不愿做吐丝自缚的春蚕
当我是一棵树吧
繁茂茁壮
荫蔽了一群又一群人
也伸展我自己

我不愿

我不愿做迎风流泪的红烛
当我是一个太阳吧
永远地燃烧
照亮了别人
也辉煌我自己

我不愿
我不愿做默默无名的石子
当我是一座山吧
快攀上来
我抬起了你
也长高了自己

是的
我——不——愿
我不愿燃烧与毁灭接踵
我不愿奉献与贫寒相连
我不愿牺牲与心酸携手
我不愿奋斗与埋没相伴
如果挥洒热血却得不到回应
我宁愿明朝采薇青山
如果搏击风浪却无人喝彩
我宁愿解缆散发扁舟江南

但
只要我听到，只要我听到
孩子们的呼唤
我情愿
流着泪踏上三尺讲台
滴着血重新握起教鞭

是的，我来了

我心甘情愿！

（王宗勇，中国教师报）

二、塑造良好的人格

人的幸福感与高度的自尊和生活上的自我控制以及乐观、外倾的性情等人格特点密切相关。特教教师要享受职业幸福，就必须培养和塑造自己良好的人格。夸美纽斯说："良好的教师人格是学生成长的重要保证，是社会进步的价值尺度，是教师自我完善的最高境界。有了它，儿童的心灵就拥有了一片"最灿烂的阳光。"教师的人格是影响教育教学的重要因素，教育的力量只能从人格的源泉中产生。在教育工作中，一切都应当以教师的人格为依据。教师的人格对于学生的心灵来说，是任何东西都不能替代的。教师的人格是教育事业的一切，只有人格才能影响人格的发展和形成。教师的理想人格，会像一丝春雨，"随风潜入夜，润物细无声"，潜移默化地影响着学生的人格。陶行知先生说过："千教万教，教人求真；千学万学，学做真人。"求真是人类本身的内在需求，至善是主体应具有的高尚道德品质，达到美是对美的追求。真、善、美的统一是主体与客体的和谐统一，是人生的最高境界，也是教师的理想人格的集中体现和自觉追求。我国学者傅道春从"最受欢迎的教师调查"中得出结论说："教师自制、体谅、热心、有适应能力、兴趣广泛、诚实、合作、文雅、细心、有活力、健康、仪表端庄、勤奋、可靠、好学、有创造力、敏捷、虚心坦诚、进取、节约等人格特质都对学生的人格产生积极的影响。"

（一）解剖自我，了解自我，承认自己的不足与缺陷

人贵有自知之明。我们应当经常自省，不仅要明了自己身体的健康状况，对心理健康更要有点"自我感觉"。对有时自己意识不到的问题，可求得学校、同事帮助来认识它、承认它，并通过各种途径予以调适而保持心理平衡。心理健康是特教教师获得幸福感的基础和根本。

（二）以“平常心”对待一切事物

平常心是一种平静而稳定的心态，有平常心的人不会为一点儿挫折而灰心丧气，也不会为一点儿成功而沾沾自喜。其实有些名言正是说明这种心态的，如“不以物喜，不以己悲”和“知足者常乐”等，以此自勉，是有助于保持心理平衡的。

（三）接纳他人，以诚待人，建立良好的人际关系

人不是孤立地生活的，在一个群体中或在社会交往中要与各色各样的人打交道，所以要善于接纳他人，遇事不仅要为自己考虑，也要为他人着想，多想想别人的长处，多想想别人的困难。只要自己以诚待人，别人也一定会以诚待你。

（四）扬长避短，培养自己良好的个性

每个人性格不同，在待人接物方面也各有不同表现，要保持自己稳定的良好心态，就必须扬长避短。在气质上属于胆汁质、多血质的人，要保持自己热情、豪放、明朗和善交际等性格特点，注意克服冲动、浮躁、自傲和不易自制等弱点；黏液质与抑郁质的人要保持自己冷静、沉稳的性格特点，也要克服孤僻、封闭和自卑等弱点。

（五）热爱教育工作，为提高工作质量不断提高自己

任何工作，如没有对它的热爱，是不可能干好的。培养人、教育人是一项艰巨而复杂的工作，需要教育者有较高的素质。因此，教师需要不断地学习，不断地提高自己的思想政治素质、专业知识水平和教育教学业务能力。

（六）发掘与善用各种有用资源，创造更多选择的可能

教师在工作和学习中应充分利用各种有用的资源，丰富自己的学识，提高自己的处事能力和应变能力。

（七）期望适度，步步落实目标，不断体会成功的快乐，增强自信心

人的期望是一种自我设定的目标。经过努力达到了目标，主观上便获得了一种成功的体验，自信心便会增强。反之，未达到预期目标，即受到挫折，有可能产生沮丧心情；多次受到挫折，自信心也会受到挫折。

（八）培养多种兴趣与爱好，陶冶情操

教师具有多种兴趣和爱好，这不仅是教育教学工作所需求的，同时也是教师自我调适、保持心理健康的重要前提。人是有思想的，在工作和生活中不可能没有烦恼，但是人们在业余时间从事某些自己感兴趣的或自己爱好的活动时，就会专心致志，仿佛把一切烦恼都抛到了脑后。也许这是暂时的，但这些活动，比如旅游、绘画、书法、唱歌和跳舞等，能陶冶人的情操，能提升人的思想境界。

（九）生活作息合理安排，并予以一定的弹性，劳逸结合

心理失衡的原因是多方面的，而身与心有着密不可分的内在联系。一个人身体健康、精力充沛，其必然心情舒畅、开朗大度。所以，教育教学工作虽然繁忙，但生活作息安排一定要合理，做到劳逸结合、有张有弛。

（十）营造和谐的家庭生活，使生活既平凡又充实

有人把家庭比作幸福的港湾，人们辛勤劳作一天后憩息在这个港湾，既享受着那份温馨，又调养了精神。一个好教师也应是一个好的家庭成员，在家中与其他家庭成员互敬互爱，同甘共苦，共同承担赡老育幼的责任，共同料理家事，一起享受家庭生活的欢乐。营造和谐家庭生活氛围，能免除教师的后顾之忧，从而以更充沛的精力投入到工作中去。

三、开发潜能，在专业成长中体验幸福

心理学研究表明，人具有巨大的心理潜能。积极心理健康教育在承认个体差异的基础上，相信每个人都有发展自我的潜能。调查结果表明，特教教师的敬业程度居于中等水平，敬业三个分维度的得分依次为奉献、专注和活力。因此应正确看待特教教师这一职业：特教教师不只是整天面对特殊孩子的“保姆”和“教师”，特殊教育对象的特殊性也要求教师加强个性化教学的探索。教师在课程构建过程中应结合特殊学生的实际，在课堂教学中发现问题、解决问题，不断提高自己的专业素养与教学技能，更多地参与教育科研活动，在教学科研工作中因材施教，创新教学策略，创设良好的课堂心理气氛，开发学生巨大的心理潜能，从而增加教师的自我效能感与幸福感。

幸福的特教教师专业发展的目标是教师核心价值的体现。自我实现是人性本质的终极目的，也就是个人潜力得到了充分发展，具有生长性。特教教师的

专业发展能带给其以内在的奖励、满足和幸福感。它是教师出于自身的道德责任感而主动追求的，源于对特教事业和特教学生的挚爱，这种挚爱使得教师在专业发展中不计得失和艰辛，苦中有乐，虽苦却很值得，从而能实现自己的人生价值。特教教师的专业发展是为了更好地促进特教学生的发展，体验自由的具有创造性的教学实践所带来的成就感，它本身就是目的。

幸福的特教教师，其专业发展是在日常教学实践中实现的，任何矛盾只有在实践中才能得到完美解决，也只有实践才能使理论和实践得到完美结合和统一。特教教师专业发展过程也是教师教学实践不断改进和提高的过程。教师专业发展需要一定的理论作为基础，更重要的是要把理论融入自己的实践并为其服务，成为自己内化的或者是自己缄默的知识，如此才能为实践服务。正是在这个过程中教师充分发挥了自己的创造性劳动，一次又一次获得人生的“高峰体验”，以达到自我实现的目标。

特教教师的专业发展表现为教学实践一步一步提高，是一个持续不断地过程，而不是跃进式的。在此过程中，如果特教教师的每一个小小的进步和提高都能得到关注、认可和鼓励，那么，特教教师的专业发展动力会不断增强，在教学实践中会更努力，更具主动性和创新精神，从而更能促进自己的专业发展。如果教师的教学实践被模式化和所谓的科学化，屈从于一贯的思考和行为模式而不具有创造性，那这样的教育则是异化的教育，教师和学生也会因其生活的乏味而无法体会到幸福。只有创造性的教学实践才能让师生体会到幸福，创造出幸福的教育，没有幸福的教师怎会有幸福的学生？这就意味着教育生活是一种生活模式，所有一切活动都是为生活的目的——幸福而服务的。

因而，特教教师只有改变“谋生手段”的职业观，把教育生活当做一种“生活方式”，充分发挥自己的创造力和潜能，实现自己的人生价值，才能充分享受到创造性活动所带来的快乐和幸福，从而使教育生活充满更多的幸福，创造出幸福的教育，使幸福在教育中诗意地栖息！

四、激发工作激情，提升职业成就感

加强教师培训，培养和激发职业情感。完善教师培训机构，充实培训内容。特教学校每年都应根据具体情况对教师进行培训，不仅仅从教育教学知识方面和技能方面提升教师的能力和素养，更应重视加强职业情感的培养和激发。陶行知先生早就说过：“教育乃是快乐之事业，愚蒙者我得而智慧之；幼小者我得而长大之；目视后进锓锓日上，皆我所造就者，其乐为何焉！”让教师明白意识到教育是件快乐的事情，不断提高他们的积极性、主动性，逐渐与学生形成良好的师生关系，形成相互理解、和谐帮助的关系。教师培训应重视培养教师的积极乐观向上的心态，使其怀着一颗宽容心、平常心和爱心。从学生的角度出发去体谅和理解学生，这能使教师们在平常繁琐的事情中得到心理的解脱和自由。

教师培训目前被各级教育行政部门和各级各类学校提上重要议程。从国家教育部开展的国培计划到各省组织的骨干教师培训，市、县两级也有自己的培训计划和网络，再具体到各个学校，各级教育部门和组织都把教师培训纳入重要议程并开始实施。同时还开展远程网络进修，实施网上培训计划，形式多样，效果也很显著。有的特教学校采取“走出去，请进来”的办法，对教师加强业务培训；有的组织教师赴省内外名校参观学习，有的进行挂职锻炼，也有的特教学校从大学把专家学者请到本地，组织教师倾听讲座。教师培训不但更新教师知识，提升教师的教育理念，开阔教师的视野，使其接触到教科研最前沿的课题，更重要的是可以缓解教师职业倦怠，进一步激发教师的教育情感，提升教师的职业成就感，从而提升教师的幸福指数。

五、营造和谐的人文环境

特教学校环境首先应当有利于特教教师的成长发展。育人莫过于育心，一个育心的环境，就是学校致力于提高教师幸福感的环境。和谐校园是师生幸福的乐园。构建和谐校园让师生感受幸福、体验幸福是师生的需求，也是构建和谐社会的需求。建设和谐校园就是要坚持以人为本和主体与客体统一的原则，充分发挥特教学校师生的主体作用，让师生积极参与到和谐校园的构建中来。

（一）和谐校园的主要内容

1. 和谐的人文环境

特教学校是一个特殊的育人环境，只有在一个和谐的人文环境中，才能充分发挥特教学校的育人功能。“和谐的人文环境有利于调动教师和学生教与学的积极性，有利于学生的身心健康，还有助于学生个性、潜能的发挥。”主要体现在以下四个方面。

（1）师生员工与学校领导之间的和谐。这种和谐主要表现为学校领导的教育教学思想与师生员工的工作热情协调一致；学校的行政法规合情合理，能得到学校师生员工的认同，并发自内心地遵循。

（2）教师与教师之间的和谐。教师之间的和谐对建构和谐校园有着重要的作用，教师是建设和谐校园的生力军。

（3）特教教师与残疾学生之间的和谐。特教教师以教书育人为自己的天职，师生之间的和谐直接关系着教育目标的实现。教师和学生都是特教学校的主体，特教学校的教育思想应该以师为本、以生为本。

（4）残疾学生之间的和谐。学生和学生之间的团结、友爱、互助，也是和谐校园的主要表现。

2. 和谐的校园环境

和谐的校园环境不仅包括良好的校风、学风和人际关系，也包括人与校园的和谐所体现出来的校园建筑设计、自然景观和绿化美化这种物化形态的内容。

3. 师生自身内外的和谐

校园和谐，既是人与环境的和谐，也是人自身的和谐。

4. 师生幸福成长与学校发展的和谐

人的发展与学校的发展和谐统一：教师的个人发展与学校发展的和谐统一，学生的发展与学校的发展和谐统一。

5. 学校的制度管理与人文关怀的和谐

学校既要加强制度管理，又要实施人文关怀，把制度管理与人文管理和谐统一起来。

（二）打造和谐校园，构建幸福乐园

个人追求各有千秋，人类奋斗永无停息，但终极目的都是为了在和谐的环境下寻求幸福和快乐。对幸福的渴求人人与生俱来，对幸福的感受却来自于人的实践。因此，幸福应围绕“和谐”来建设。

1. 以人为本，构建和谐校园

（1）和谐的人文环境，体验幸福。构建和谐校园，人是关键因素。人的和谐与否，决定了校园的和谐与否。营造和谐的人文环境是建设“和谐校园”的基础和核心，它包括平等民主的干群关系、团结合作的同事关系、协调融洽的师生关系、友爱宽容的同学关系这样几个方面。

（2）优美的校园环境，感受幸福。校园的和谐是有外在的表现形式，是可以主管感知的，这就是校园的风景。这景是由人、事、物构成的，人是这风景的主宰，是这风景的主角。

2. 主体与客体统一，构建和谐校园

（1）关注师生自身内外和谐统一。工作着，快乐着，幸福着，这是生活的最高境界。构建和谐校园首先要关注师生的幸福感，不断输送给他们心灵的氧气，让师生身心和谐。第一要双向交流，学校既要关注师生教学生活满意度也要关注师生生活满意度。第二要改变态度，要拥有阳光心情。情绪上的幸福感带有主观色彩，情绪积极与否也须个体做出积极努力。

（2）关注师生幸福成长与学校发展的和谐统一。学校应努力创造条件，给教师乐业的空间、发展的空间、创新的空间，发掘教师的潜能，激发教师的内部动力。让教师在日常的教育教学过程中得到发展，感受到教书育人的乐趣，把教师职业真正当成自己的事业。因此对教师的管理应更多地本着尊重与信任、暗示、和谐、认同的原则，致力于教师价值观的形成，创造出一种民主、和谐、宽松、积极进取的校园文化氛围。学校要尊重教师的人格，尊重教师的合理需求，在提倡谅解与宽容、促进公平与公正的和谐氛围中，增强竞争实力，获得效益的整体提升。学校为教师的成长搭建平台，教师通过努力成为名师，众多名师支撑起名校。这样，教师个人价值得以实现，学校也得以发展。和谐校园的终极关怀是学生的幸福体验，要让孩子通过自身的努力体验成长的快乐。和谐教育中的学生体验着校园生活的丰富和愉悦，和谐校园中的教师感受着职业的幸福感与成就感，学校真正成为师生的精神家园。

（3）关注学校的制度管理与人文关怀的和谐统一。① 相辅相成的制度管理与人文关怀。人文关怀促进教师遵守学校制度。制度管理为实施人文关怀提供保障。② 制度建设是起步，人文关怀是提高。制度管理与人文关怀是相辅相成的，但二者的统一不可能一蹴而就，它需要一个过程。学校管理者应根据学校不同的发展阶段有所侧重。学校的发展，起步于制度建设，提高于人文关怀。

六、丰富业余生活，提高生活情趣

特教教师享有寒暑假，如果把双休日和节假日时间累积计算，全年休息日达一百多天。教师要学会合理安排自己的闲暇时间，丰富业余生活，培养广泛的生活情趣，如审美情趣、兴趣爱好、鉴赏力、感受力和闲情逸致等。参加体育锻炼、加入社交和休闲团队、听音乐、旅游、做义工等休闲活动能使人增加积极情绪，消除紧张、抑郁和疲劳感，有效地提升幸福感，促进特教教师身心健康。

（一）进行广泛的社会交往

与人交往的过程实际上是智慧交换的过程，是生命理解的过程。教师要在业余生活中广泛接触不同群体的人，与他们进行有效的沟通和对话，拓宽自己的视野，增长自己的见识。

（二）体验丰富的现实生活

在强调课程体验与生成的今天，教师需要具有多样的生活体验，进行广泛的生活积累，这样才能与不同的学生个体进行有效的对话。

（三）涉猎新奇的人生阅历

探险、旅游、发明创造等要纳入教师业余生活，跨区域的体验式生活、跨领域的探究性生活也要走进教师的生涯规划。这种丰富的人生阅历是教师用之不竭的财富。

总之，教师要合理利用业余生活资源。教师要强化生活资源意识，对自己的生活进行整体设计，合理安排时间，充分利用社会资源，在享受生活的同时追求有效的发展；处理好学校生活、家庭生活和社会生活的关系，不要因为无休止的社会活动而影响工作质量。智慧的老师善于生活，享受生活需要生命智慧，唯有不懈的文化追求才能彰显教师的神韵。

第四章 做幸福的特殊教育学校学生

第一节 做幸福特殊教育学生的条件

在整个特教教育体系中，特教学生是主体，所有的教育都是围绕特教学生展开的。没有了特教学生，特教也就不存在了。特教学生是幸福校园的主体，是建设幸福校园的根本目的所在。建设幸福校园的最终落脚点是特教学生；建设幸福校园的终极目的是让学生的校园生活幸福，让学生一生都幸福。山东省烟台聋校提出个性鲜明的办学理念：为学生的一生谋幸福。

承载人类发展代价，带有不同生理障碍的残疾孩子，如何在特教学校找到自己的幸福生活?

一、幸福的特教学生要正确对待自己的生理障碍，做到品行端正、热爱生活、富有理想

首先要正视自己的生理缺陷。特教学校的学生，大都具有不同程度、不同类型的生理缺陷或障碍。生理上的障碍必然影响心理的健康。部分特教学生不能正视自己的缺陷，有的终日以泪洗面或消极悲观、郁郁寡欢；有的满不在乎，不以为然；更有的“破罐子破摔”，不思进取。这都不是正确的学习和生活态度。当自己的残疾无法改变的时候，就要正确面对，乐观对待。盲聋作家海伦·凯勒、盲人钢琴家金元辉、中国的保尔——张海迪、聋人博士杨军辉等等，都能正确面对自己的缺陷，勤奋努力，成为社会的杰出人才，也成为残疾人学习的榜样。

再就是要品行端正。成人和成才是同一道理，不成人也就不能成才。优秀

的学生应该把道德完善放在最重要的位置上，力争做到真善美的和谐统一。其实，爱和同情心是品行端正的两个最重要的表现。可以说，没有爱和同情心的人是不健康的人。爱心从身边的事做起，从爱一草一木、一树一花、小动物、爷爷奶奶叔叔阿姨到爱自己的学习和生活，最后到爱集体、爱祖国、爱人们。

特教孩子由于身体的残疾，在家里受到家长的宠爱和照顾，到学校后受到老师的关心和爱护，还得到政府和社会的关怀和关心……可以说，特教孩子始终沐浴在爱的海洋里。“知恩图报，饮水思源”是中国的传统美德，特教孩子更要有感恩之心——感恩父母，感恩老师，感恩政府，感恩社会，这是特教孩子必须具备之心。为此不少学校都开展了感恩教育活动。

特教学校要培养特教学生的爱心。爱心无价。无论做什么事都要有一颗爱心，其他的品质都是爱心的延伸。只有爱，才能感受到生活的乐趣；只有爱，才能创造和谐的人际关系；只有爱，才能享受到人生的真谛；只有爱，才能感受到人类的伟大。天底下最辽阔的是天空和大海，而比天空和大海更辽阔的是人的心灵。一个满怀爱心的人，是永远不会感到寂寞的。只有爱才能赢得爱。

同情心也是品行端正的重要体现。一个没有同情心的人在“冷酷”对待他人的同时，也会被社会所“孤立”。身为弱势群体的特教学生，更要学会感恩社会，回报社会，同情他人，帮助他人。只有具备同情心，才能帮助弱者，体现自己的价值；只有具备同情心，才能使社会上涌起爱的热潮；只有具备同情心，才能使社会真正具有平等意识。“老吾老以及人之老，幼吾幼以及人之幼。”特教学生都应该学会帮助自己身边学习、生活有困难的同学，帮助他们与自己共同成长。

特教学生还要热爱生活。无论生活中遇到怎样的困难和挫折，无论学习上遇到怎样的障碍和困惑，都要乐观、坚强。没有克服不了的困难，没有解决不了的问题。生活总是充满阳光的，未来总是美好的。

理想是特教学生腾飞的翅膀。一名心怀理想的特教学生，他的生活一定是充实的。有了理想，才会有前进的方向；有了理想，才会有前进的动力。一个特教学生如果没有自己明确的理想，没有美好的希望和追求，他的行动就会失去方向和动力，在学习和生活中稍遇挫折就会心灰意冷、一蹶不振。反之，如果一名特教学生具有美好的理想和抱负，就会清醒地认识到自己行动的意义，就会按照目的，自觉地调节自己的行动，不达目的决不罢休。特教学生不能好高骛远，自己的理想脱离现实基础与条件。千里之行始于足下，万丈高楼起于垒土。特教学生要立足现实，充分考虑自身的条件和限制因素，脚踏实地，从眼前做起。

理想是特教学生对未来美好前景的一种憧憬，它是美丽而神奇的。为了理想而奋斗，再苦再累也乐在其中，也是在享受幸福。反之，没有了理想，就意味着前进道路的停止；没有了理想，既意味着幸福的终结，也意味着人生意义的终结。

二、幸福的特教学生要自信、自立、自强，在困难和挫折面前永不低头

自信心是人生重要的精神支柱，是成功的先导。自信心是一个幸福特教学生必备的基本素质之一。美国思想家爱默生说："自信是成功的第一秘诀。"拿破仑·希尔也曾经说过："信心是生命和力量，信心是创立事业之本，信心是奇迹。"这些思想和观点都充分地表明了自信心在人生发展中的重要作用。

美国心理学家马斯洛的心理学研究成果表明，人的需要、期望是不断发展、永无止境的，但新的目标总是要以已有的目标为基础。一个人的成功经历越多，他的期望就越高，自信心也就越强。在特教学生的学习中，自信心显得尤为重要。日本教育家田畸仁经过调查发现，有三分之一的学生是因为缺乏自信心才导致学习成绩不理想。特教学生由于不同类型、不同程度的生理障碍，不少学生对学习有畏惧心理，越学越没有信心，总觉得自己不行。在这样一种由于缺乏信心而产生的自卑心理状态下，不仅正常的学习受影响，而且个人的身心活动和交往活动也都会受到影响；即使本来具有优越的天资，也可能难以得到正常的发挥。

因此，在学习生活中，特教学生必须树立自信心。只有自信，才能敢于面对困难；只有自信，才能充分发挥自己的能力；只有自信，才能保持乐观的心态；只有自信，才能善于处理各种关系。面对纷繁复杂的大千世界，面对崎岖不平的坎坷人生路，一时的迷茫、失落和不知所措是难免的，但无论遇到什么情况，都不要怀疑自己的能力。特教学生要给自己的人生一个准确的定位，要善于在身边寻找人生榜样和奋斗目标，让自己追随着榜样不断进步，时时感受

到榜样的激励作用。

坚忍不拔的意志和自强不息的精神也是特教学生追求幸福必须具备的基本素质。坚强的意志品质是学习和工作取得好成绩的重要保证，是获得事业成功的基础。特教学生在学习的过程中遇到的困难和挫折要远多于健全人，面对挑战，更要锲而不舍，知难而进。坚忍不拔的意志和自强不息的精神来自于平时点滴的日常小事的锻炼和培养。每一次克服困难的过程，就是意志不断强化的过程。马克思说："在科学上没有平坦的大道，只有不畏艰险，沿着陡峭山壁攀登的人，才有希望到达光辉的顶点。"生活也是如此，面对生活的风风雨雨，只有具备坚强意志的人，才能活出多彩的人生。特教学生做出一道难题，学会一个字母的发音，努力学会做一件小事，都是培养意志的过程。

拥有坚强意志的特教学生通常是一个乐观的人。生活中乐观的人视困难为常情。"困难像弹簧，你若他就强。"而悲观的人往往人为夸大困难，被困难所吓倒。只有乐观的人才能正视外部的阻力和内心的障碍，勇敢地面对困难，经受逆境的考验。办法总比苦难多。学习和生活中的困难宛如大海里的朵朵浪花，只要以正常的心态看待学习生活中的挫折和困难，特教学生就能创造出自己未来美好的幸福生活。

三、幸福的特教学生要善于与人沟通、与人合作、与人相处

我们处在竞争十分激烈的时代，知识的竞争、人才的竞争、能源的竞争、产品的竞争等无处不在。然而我们又处在一个要求广泛合作的时代，那种"鸡犬之声相闻，老死不相往来"的时代已经一去不复返了。合作和竞争并存，在竞争基础上的合作、在合作基础上的竞争的时代特征表现得越来越明显。

我们应树立竞争意识，并将竞争纳入有序的状态和友好合作的氛围中。善于合作也是心理健康和个人人格发展的基础。因为人生活在世界上，自身的感受常常取决于别人对他的感受，自身的快乐常常取决于周围的人是否快乐。善于合作，不仅能从学习、工作中找到乐趣，而且也能从生活中找到乐趣。生活处处有快乐，生活时时有快乐。你在别人遇到困难或感到烦恼时帮助了他，关键时刻伸出友谊之手，那么当你遇到困难时，别人也会来帮助你，从而大家都感受到人世间的无穷乐趣。以一颗快乐的心对待别人的人通常也会得到同样的快乐。那种自

我封闭、孤芳自赏、不与人交往的人是享受不到与人相处的快乐的。

特教学生由于自身的生理缺陷，在与人沟通、交流和合作中，更存在困难和不便。如聋生就极难融入健全人群。聋生只有在聋人群体中才具有强烈的归属感。因聋人与人沟通依靠手语，而健全人中会使用手语的人极少；聋人与健全人交流大多依靠笔谈，这显然极不方便，也很困难。有困难，特教学生更要学会如何与人相处，学会如何与人合作。在主流社会，特教学生只有学会合作和相处，才能拥有幸福。

特教学生学习、生活的小天地实际上就是社会的一个缩影。在这里，他们学会与人相处，和别人打交道，感受生活，掌握初步的人际关系的准则。他们毕业后走向社会，怎么与人相处，很大程度上取决于他们在学生时期所获得的与人相处的经验。通常，在学校里有很多朋友，受老师、同学欢迎的学生，毕业后一定也善于处理社会各种人际关系，在人际交往中得心应手；反之，那些在学校里孤僻、自我封闭、不爱和人打交道的学生，在毕业后与人相处的过程中必然会四处碰壁，成为人见人畏的“怪人”。

那么，怎样才能在学习和生活中与他人形成良好的合作关系呢？

首先要学会理解别人，谅解别人。同学之间发生矛盾和分歧时，要学会“换位思考”，多站在对方的角度去思考问题，那么就比较容易理解他人的所作所为。其次要善于发现他人身上的闪光点。每个人都有长处，我们要学会赏识其他同学。人无完人，金无足赤。我们与他人合作的目的是扬长避短，学习别人的长处，在人际关系的相处过程中，同学之间才会相互接纳。再次在人际关系的交往中应保持适当的距离。任何人之间都是有无形的距离的，达不到或超过这个距离，都会造成人际关系的不和谐。现实生活中，很多朋友关系闹僵就是走得太近的缘故。

良好的人际关系不仅有利于特教学生的健康成长，而且可以为学习创造一个和谐的环境，同学之间互帮互学能促进大家共同进步。每个优秀的特教学生都能根据自己的性格特点，努力扩大自己的兴趣爱好，主动和人交往接触，形成活泼开朗、充满朝气、积极向上的性格特征，享受自己的幸福生活。

四、幸福的特教学生要具有谋生的本领

残疾人作为一个弱势群体，要消除残疾障碍，成长为有用之才，很好地融入社会，实现自强自立，掌握一门职业技能是重要的条件之一。培养残疾人获得职业技能，更好地平等参与社会生活是残疾人教育的主要目标。特殊教育的最终落脚点还是以特教孩子为对象的职业教育。掌握一技之长是特教学生将来平等参与社会生活的根本保障，也是奠定特教学生一生幸福的基础。

首先要选好适合自己的专业。随着特殊教育的快速发展，特殊教育体系逐步完善，职业教育和高等教育发展迅猛。目前不少地市级特教学校逐步开办了职业高中（职业中专）段教育，专门招收特教学生，同时兼招的大学也在增多。不同层次的特教学生可按照自己的意愿选择并接受职业教育。完成九年义务教育的特教学生可上职业中专，也可以选择上高中，然后继续深造。如聋生可选电气安装、会计、美术、计算机开发、广告设计、制图、建筑设计、园艺等专业，盲生可选乐器演奏、养殖、园艺、按摩、针灸推拿等专业。其次要在知识学习中掌握技能，在技能训练中获取知识。要注重学思结合和学做结合。要认真研究课堂案例，勤于练习，多动手操作，积极思考，提高动手实践能力。再次要勤于模仿，勇于尝试，勤操作，多练习。所谓熟能生巧。最后要利用见习、实习的机会多向工人师傅请教、学习。

五、幸福的特教学生要有感恩之心

感恩是自古以来人类社会道德的基本范畴，其本义是“乐于把得到好处的感激呈现出来且回馈他人”，也就是说，它是受惠者以崇高的道德情怀、虔诚的道德良心、善良的道德行为，由衷地感激、回报曾给予过和正在给予自己各种帮助和关怀的人的道德行为。在我国传统道德范畴中，“感恩”是一种为人处世的基本原则，是一种工作和生活态度、一种人生行为哲学的大智慧。在我国传统文化中，有“施人慎勿念，受施慎勿忘”“知恩图报”“投我以桃，报之以李”“饮水思源”“受人滴水之恩，当以涌泉相报”“谁言寸草心，报得三春晖”等知恩图报、感恩戴德的传统美德，这些美德表现出对养育之恩、教育之恩、知遇之恩、提携之恩和救命之恩的竭诚回报。感恩，是我国儒家文化极力提倡的一种积极的

处世哲学、一种必要的人生智慧。在“仁义礼智信、温良恭俭让”的传统德育环境中，学会知恩、懂恩、感恩、报恩，既是一种道德教育的基本内容，也是一种道德实践能力的体现。感恩不仅是回报意识，它更是一种责任意识、自立意识；感恩不仅是一种传统美德，它还是一个人之所以为人的基本条件。懂得感恩是一个人最起码的道德品质，能知恩感恩也是懂得真善美、分辨是非的最起码的觉悟要求。“感恩”不仅是一种情感，更是一种人生境界的体现，永怀感恩之心，才能从各个方面获得更大的情感回报。每个人总是根据自己的人生经历去体验什么是感恩、去感激那些应该回报的对象。一般说来，感恩对象包括自然、社会、政府、组织、集体、学校、父母、教师、领导、同学、同事、亲朋、好友、顾客以及种种发展机遇，等等。

特教学生由于生理上的障碍，长期生活在一种被同情、被怜悯、被宽容、被溺爱的环境里，处处以自我为中心，面对家庭、学校和社会的关怀熟视无睹，根本体会不出“爱”和“恩”。有的学生认定这一切是理所当然的。这些学生走上社会后就只知道索取，不懂得奉献；一旦得不到额外的特别照顾，就认为受歧视了，产生人际关系上的矛盾，甚至埋怨和仇视单位、政府和社会，更有甚者走上了违法犯罪的道路。

所以，特教学生要学会感恩，学会奉献自己的爱心。有一颗感恩之心，是一个幸福的特教学生所必须具备的基本条件。

首先，让我们拥抱亲情，感恩我们的父母。

报答父母的养育之恩，就是要常常关心父母，处处体谅父母，时时孝敬父母；让他们少操心，多为他们着想，多与他们沟通，多为父母做一些我们力所能及的事情。我们感恩父母，就要体会父母的艰辛，尊重父母的劳动，做到不浪费、不乱花钱，培养勤俭节约的好习惯。生活中难免与父母有一定的分歧，要学会换位思考，关心体贴父母，理解父母。

其次，让我们认真学习，感恩我们的老师。

老师是我们成长路上的引路人，作为学生，我们要学会感恩。自觉遵守校规校纪，课堂上积极思考，勇于发言，认真完成每次作业；遇到老师，轻轻地问候“老师好”；靠自己的努力取得更大的进步；全体同学努力拼搏，在人生旅途中取得更大的成绩……这些就是对老师们辛勤劳动的最好回报。

再次，让我们珍惜友情，感恩我们的同学。

我们每个人都渴望得到他人的帮助，渴望纯洁的友情，那么请记住，怀着一颗感恩的心与他人交往吧。帮助过我们的，我们就不能忘记；当同学遇到困难时，我们要无私地伸出援手去关爱他们；与同学交往，我们要用感恩之心化干戈为玉帛，真诚沟通，维系珍贵的同窗友情。

最后，让我们帮助他人，感恩我们的社会。

每个人自从降临在这个世界上，就离不开社会方方面面的帮助。师长、邻居、朋友，乃至素不相识的水电工、商场营业员、公交车司机，他们都是我们日常生活不可或缺的一分子。“我为人人”与“人人为我”其实是水乳交融的。让我们以感恩之心对待社会，以感激之情对待生活，进一步弘扬关爱他人、助人为乐、相融相谐的社会公德。让我们人人都伸出爱心之手，积极投身社会公益活动；常说感恩的话、常读感恩的书、勤做孝敬的事、积极宣传感恩的美德，用一颗感恩的心，做一些力所能及的事来回报社会。

只要心存感恩，一粒干瘪的种子也能萌芽，最终生长成一片茂密的森林；只要心存感恩，一条涓涓细流也能壮大，最终汇集成一片蔚蓝的大海；只要心存感恩，一道触目惊心的伤痕也能愈合，最终淡化成一块光滑细腻的肌肤；只要心存感恩，一颗冷如冰山的心也能融化，最终荡漾成一丝吹绿柳梢的春风。一切，都只因为心存感恩。

感恩于心，感谢以行。在感恩行动中，只要我们尽到自己的责任和义务，多一些宽容与理解少一些偏执与冲动，多一些关爱与真诚少一些冷漠与自私，社会将会多一些团结与奋进，多一些温暖与和谐。

第二节　影响特殊教育学校学生幸福感的因素

幸福感是一种个体体验，是个体内在因素与外部环境相互作用的结果，影响特教学生幸福感的因素是交互影响的。北师大肖川教授做过调查，发现影响学生幸福感的因素依次为师生关系、同伴关系、课堂学习质量、课业负担、学生学习自主权、学校生活的物质环境、课外活动的丰富性与吸引力和对学生评价的指标体系；同时还指出让孩子在课堂上获得幸福感从低到高的几个层次：

首先要让孩子听得懂，然后能使他们积极参与，有所收获，并且在收获的基础上有卓越表现，获得成功体验。

一、影响特教学生幸福感的主观因素

（一）人格特征

幸福感的实质就是个体的主观积极体验，它更多依赖于个体自身所设定的标准，因此人格特征成为影响幸福感最有力和最核心的因素。研究者发现，外倾性与积极情感、生活满意度具有显著的正相关，与消极情感具有显著的负相关，对幸福感具有增值作用；高神经质与消极情感存在显著的正相关，与积极情感和生活满意度存在显著的负相关，可降低幸福感；低神经质与生活满意度之间存在显著的负相关，而与积极情感之间存在显著的正相关，与消极情感之间相关不显著。外倾性和低神经质的个体幸福感较高，即外向稳定型个体的幸福感水平较高，内向不稳定型的个体幸福感水平最低。

（二）自尊

特教学生正处于身心发展的成长时期，对自我的关注加强，自尊就成为影响其幸福感的一个重要因素。自尊对个体的幸福感预测作用较强。高自尊的个体对自我持肯定的正向评价，认为自己比较出色，对自己有信心，相信自己有能力克服缺点，对自我较满意；他们体验到的积极情感多，消极情感少，因此幸福感体验较高。低自尊的个体则与之相反。

（三）控制感

在控制感上，研究结果表明，个体越倾向于外控，其幸福感水平越低，反之，个体越倾向于内控，其幸福感水平越高。内控者倾向于把行为后果看做是由自身行为本身决定的，体会到对事件的控制感，较为乐观和主动，多采用问题指向的应对方式，往往能较好地适应周围环境，这无疑会对幸福感产生正面的影响。外控者倾向于把行为的结果归结于机遇和运气或其他一些自己无法控制的外部力量，较为悲观和被动，采取的应对方式比较消极，这不利于个体的适应及身心健康，从而也损害自己的幸福感。

（四）自我效能感

自我效能感是指个体对自己在一定水平上完成某一活动的能力的判断、信念或主体自我把握与感受。研究结果表明，自我效能感越强，幸福感就越高。以初中聋生为例，据河南教育学院李迎春所做研究的结果，自我效能感越高的聋生，其幸福感就越高。自我效能感对幸福感有重要的影响。因为自我效能感高的个体具有较高的自信心，易采取积极乐观的生活态度来面对各种压力，幸福感程度因此也就越高。

（五）应对方式

问题解决、求助、合理化、发泄四类应对方式均与幸福感存在不同程度的显著相关。使用问题解决、求助和合理化方式多的个体，幸福感水平高；使用发泄、退避和不良情绪应对方式多的个体则幸福感水平较低。另外，问题解决、发泄、求助和合理化应对方式对幸福感有一定的预测作用。

总起来说，情绪稳定、自尊心和自我效能感越高，内控倾向越明显，并且积极应对方式使用越多的学生，其幸福感水平也越高。

二、影响特教学生幸福感的客观因素

（一）家庭因素

家庭对生活于其中的孩子的心理发展、人格形成及心理健康有着重要的影响作用，家庭的环境、经济状况、家庭结构以及父母的教养方式等都相互交织地影响着学生的幸福感。个体在家庭中所感受到的亲密度越高，家庭的适应性越强，则越会感到幸福。研究结果表明，父母权威型教养方式是孩子快乐最主要和最有力的预测因子。父母权威型教养方式通过降低孩子的自尊来影响孩子的快乐，母亲的教养方式则都通过自尊中介影响快乐，同时对孩子的外向性和神经质产生直接影响。另外，母亲的受教育程度也会对子女的幸福感产生影响。父母教养方式、家庭功能等对特教学生的心理发展水平影响深远，并通过对个体的人格、自尊、应对方式等多方面产生重要的影响作用，从而影响其幸福感。

（二）学业压力和学习成绩

学业压力影响着特教学生的心理健康，同时也影响着他们的幸福体验，对学生的生活质量起着消极的影响作用。学习成绩对特教学生不仅产生直接影响，还通过学习体验产生间接影响。学习成绩好、在学习过程中体验到更多的积极情感的学生幸福感高，反之则低。

第三节　提升特殊教育学校学生幸福感的建议

一、加强认知方面的学习

幸福感构成成分之一是认知评价，是对客观事物的认识和体验，具有主观性。要从根本上提升特教学生的幸福感就必须从自我认知方面进行培养和改进。

（一）了解自身身心发展特点

成长中的特教学生由于生理和心理的快速发展，以及自身缺陷所带来的心理问题，致使其心理不成熟，容易出现心理障碍和不良情绪。因此，特教学校以及教师和学生家长应根据特教学生的身心特点开设一系列生理和心理课程，让学生能够自己了解自身的发展特点和气质类型，有针对性地确定人生道路，进行自我规划。同时也可以根据不同年级学生满意度的不同来进行正确的教育。

（二）掌握积极的应对方式，学会正确归因

积极的应对方式与高幸福感密切相关，消极应对方式则对于幸福感有消极影响作用。因此，特教教师和学生家长应该对学生进行应对方式的引导，培养积极的应对方式，使学生掌握有效应对问题的技巧和能力。如教会学生如何正确对待挫折、如何进行正确归因，培养他们的自控能力和自我效能感，最终让学生学会采用解决问题等积极的应对方式，而避免采用自责、幻想和压抑等消极的应对方式，从而提高心理健康水平。

二、培养积极的情感体验

在情感体验中，只有当积极的情感体验多于消极情感体验，个体的幸福感才会更强。因此培养特教学生积极的情感体验，减少消极情感体验，是提高特教学生幸福感的重要方面。

（一）让特教学生了解自己的情绪特点，学会自我调节

特教学生由于身心发展尚不成熟，加上生理缺陷造成的心理问题，情绪上极易出现波动性、可变性和冲动性等特点，更容易出现自卑、焦虑、抑郁、孤独等不良问题。这就需要特教教师和学生家长根据学生情绪和情感发展的特点，有针对性地进行疏导和调节，帮助学生分析自己的需要，做到自我了解，培养积极的情感体验。同时教师还应积极营造轻松和谐的师生关系和班级认同感，指导学生正确处理同伴关系……在和谐的外界环境中，学生自然会产生积极的情绪体验。

（二）建立良好的亲子关系

家庭对孩子的幸福感有显著的影响，良好的家庭环境和条件、合理的父母教养方式、父母受教育程度和家庭结构等都会对学生的幸福感产生不同程度的影响。因此，父母应尽量保持家庭结构的完整，创造一种宽松、和谐的家庭氛围，优化孩子的学习环境，创造更好的物质条件；同时父母应更多了解相应的特教心理学知识，根据孩子心理发展特点，有的放矢地对其进行指导和教育，并学会与孩子进行沟通的技巧，形成合理的教养方式，则孩子体验到的积极情感较多，对生活各方面满意度增强，总体幸福感就高。

（三）建立良好的特教校园和班级环境

若在各种生活领域中特教学生对特教学校的满意度较低，没有归属感，则必然会产生厌学或逃学等不良情绪。因此，特教教师应积极地创造和谐、健康的校园文化，建立良好的班集体和平等互动的师生关系，让学生在集体中感受到同学和老师的爱，获得更多的社会支持，这有利于培养学生良好的情绪体验。

附：

大辫子聋人博士——杨军辉

杨军辉出生于1969年11月，4岁半时因发烧打针导致耳聋。从那以后，她靠眼睛聆听别人讲话，以看口型与父母交流，“唇读”和手语成了她与人交流的主要工具。她靠自学进入首都师范大学读书，并获得中文学士学位。后又远赴美国，在世界上最早的聋人大学加劳德特大学获得了聋人教育博士学位，她的毕业证书上有布什总统的亲笔签名。在美国，她特地留了一根长达一米半的长辫，她说，辫子是中国人的情结，无论在哪里，中国最值得骄傲。

在聋哑学校，杨军辉不仅爱好广泛，而且学习非常刻苦，深得老师喜爱。初中二年级时，她的读书笔记就有十万字了。那时，她最大的渴望就是从聋校毕业后，还能有继续深造的机会。王凤升夫妇得知她的想法后，给了她很大的鼓励和支持。

初中毕业后，通过学校的极力推荐，西城区教育局局长亲自来听课。当他看到杨军辉竟然通过只看老师的口型就能听懂全部教学内容时，非常惊讶，称赞说这个女孩儿很不简单。杨军辉后来终于以优异的成绩进入了北京市西城区师范学校读中专。在这个学校里，她是唯一的聋哑学生。

杨军辉说，受听力的影响，她在学习过程中遇到许多困难，但总有许多人在帮她。她笑着对大家说：“因为帮我的人比我遇到的困难要多得多，所以我才有今天这样的成绩。”刚上聋校时，班主任、课任老师对她体贴入微，循循善诱，使她很快适应了聋校的生活。在师范学校读书时，学校为了照顾她学习，特意安排她坐在第一排，并让班长与她同桌。这个班长后来和她一起进入了首都师范大学，并且还是同班。有时老师讲得太快，她来不及记全笔记，班长和班里的同学就会主动把自己的课堂笔记借给她用。数学、物理课是小杨的弱项，要是上课时没听明白老师的话，课后她怎么看笔记还是解不开题，非常苦恼。王凤升校长和沈玲根老师知道她的困难后，就让女儿利用休息日骑车很远到杨军辉的家帮助她复习。提起往事，小杨的一双大眼睛有些湿润。王校长和沈老师给了非亲非故的她无微不至的关怀，是她成长路上的良师益友。

进入普通师范学校学习，成了杨军辉生命中的一个转折点。小杨原准备读完中专后回聋校教服装课。心灵手巧的她在聋校学习时就喜欢服装设计，剪裁、制作都不错，很受师生的喜爱。但在师范学校的学习，使她的眼界更开阔了，小杨又燃起了读大学的希望。一个失聪女生不仅读完了中专，还要上大学，许多人感到不可思议，同时也为她的精神所打动。经过当时北京市教育局局长陶西平的特批，她终于被首都师范大学中文系录取。

美国的帅小伙威廉·彼得在美国报纸上看到了有关中国聋姑娘杨军辉的新闻报道，深受感动。他没想到，这个外表平凡的中国女孩儿，竟然有着非凡的毅力和坚忍不拔的精神，很想结识她。威廉·彼得从小就喜欢中国文化，对这个神秘的东方古国充满了向往。看了杨军辉的有关故事后，他更加迫切地想来到中国，结识那里的人们。后来他考取了北京师范大学，实现了来中国留学的梦想，并将自己的名字改为很中国化的名字——裴伟亮。

裴伟亮来到中国后，几经辗转，终于和杨军辉取得了联系。初见杨军辉，裴伟亮就被她的大辫子吸引住了。这条中国式的大辫子，给本来就很灵秀的小杨又增添了几分俏丽，使她显得与众不同。他帮她修改英文作业，她为他修改中文文章，融洽的相处使这两个年轻人的心越靠越近。四年后，裴伟亮终于鼓足勇气向杨军辉表白了："我可不可以当你的男朋友？"可是没想到她的回答却是："你很好，但是做我的男朋友不可以。"

裴伟亮没有放弃，他知道小杨担忧的是什么。他不辩解也不气馁，一直用他无微不至的关怀向小杨表达着自己的真心。小杨没想到外表粗犷的裴伟亮竟是那么一个有毅力、有耐心的人，她被他的真情打动了，两个年轻人终于走到了一起。裴伟亮的母亲非常喜欢她的中国儿媳，这位美国妈妈给小杨寄来美国的《手语词典》，希望她能早点儿到美国来。

杨军辉大学毕业后在北京第四聋哑学校当了一年多的语文教师。后来，在裴伟亮的支持下，她到美国攻读硕士，去年得到了教育学硕士学位，现在又读博士，并边读书边教课。裴伟亮的妈妈对这个儿媳妇可谓疼爱有加，不仅在生活上关照她，还常跟着小杨学手语，为的是能更好地与这个中国媳妇沟通。裴伟亮说："在美国，在中国，这样的女子都很少见。我们全家人都很爱小杨。有了她，我觉得很幸福，因为在我心里，她是唯一的。"他说自己目前唯一的任务就是一定要——也只能扮演好丈夫的角色，给小杨创造条件让她充分施展自己的才华。为了让小杨得到更大的锻炼，他让她到残疾人训练基地学会了开车。小杨得意地说："小裴是个有中国特色的美国人。初看他时，觉得他是个纯粹的美国人，一旦细细品味，发现他确实很有中国特色。他对中国文化的了解非常深，是个品位很高、很有境界的男子汉。"

甜蜜的爱情使小杨更加聪慧机敏，在美国，她已可以自如地通过手语和看对方口型与各色人种各种年龄的人进行对话！

随着眼界的开阔和经验的丰富，杨军辉很快成为美国特殊教育系统里一个受到大家瞩目的人物，她也为自己作为一个中国聋人能在美国当聋哑教师感到骄傲。现在，她担任着中美聋健教育结伴项目的负责人，忙着帮访问团办签证、办护照、联系住处、设计参观访问内容等，这一切她都是亲自去做。现在的她，甩着一条中国式的大辫子，如鱼得水般潇洒地在美国"走四方"。

第五章 创新实践成就幸福课堂

幸福教育既是一种理念，更是一种实践。

学生的学校生活中，课堂学习占据了大部分时间，课堂联系着师与生、教与学，因此幸福学校建设的核心是幸福课堂建设。幸福课堂建设的关键在于突破传统教学观念，在课堂教学设计、研发校本课程、借助教育技术和做到医教结合等几个方面不断寻求创新，不断在创新中努力实践，让课堂教学成为学生（尤其是特教学生）幸福的主要来源。

第一节 创新是特殊教育的必然要求

早在1995年全国科技大会上，江泽民同志就提出：“创新是一个民族的灵魂，是国家兴旺发达的不竭动力。”普通教育发展到今天，面对不断变化的社会环境和时代要求，尚且不断创新教育理念和实践，特殊教育经历的时间短，实践经验少，更要不断创新，紧跟时代的步伐。

一、特殊教育的特殊性

教育是培养人的社会活动，能有效地促进人类和社会的不断进步和发展。对于一个国家来说，国民受教育的程度和水平，将关系到一个国家未来的命运；对个人来说，教育是使个人获得生存发展能力的基本手段。特殊教育是教育的一个重要组成部分，它的发展对于提升社会的文明程度、减轻家庭和社会的负担、提高特殊需要人群的素质、促进国家教育水平的不断提高等都有着积极的意义。同时，特殊教育作为教育的一个特殊的组成部分，又有其不同于一般教育形态的特殊性存在。

特殊教育是使用一般的或经过特别设计的课程、教材、教法和教学组织形式及教学设备，对有特殊需要的儿童进行旨在达到一般和特殊培养目标的教育。

首先，特殊教育的教学对象（或者说接受教育的主体人群）具有特殊性。特殊教育学校的学生是指在心理、生理、人体结构上，某种组织、功能丧失或者不正常，全部或者部分丧失以正常方式从事某种活动能力的人。教育对象的不同决定了它不仅要像普通教育那样，在德、智、体、美、劳诸方面对学生进行教育，还特别强调进行补偿缺陷和发展优势的教育，例如教盲童学习盲文和定向行走，对聋童进行听力、语言训练，对弱智儿童进行感知觉和动作能力的教育训练等。特殊教育更重视早期教育，因为儿童年龄愈小，可塑性愈大，也可以及早保护残疾儿童的残余视力或听力，开发儿童的智力和语言能力。一旦错过了最佳期，往往事倍功半。如对聋童没有进行早期语训，就会给其今后语言的发展带来很大困难。特殊教育相对于普通教育来说，更重视个别教育，更强调在教育中因材施教，满足不同学生的特殊需要。例如，苏州市教育部门对特殊教育提出了更高的目标和要求，实行“按需供教”。特殊教育要取得好的效果，必须和社会教育、家庭教育有机结合。因此特殊教育也更强调大教育的观点，强调教育的整体性和系统性。

其次，特殊教育的教育手段和方法具有特殊性。特殊教育对象的特殊性直接决定了特殊教育的教育手段和方法的特殊性，特殊教育在一般教育教学方式方法的基础上，要更多地考虑学生的需求，在更加细化分类学生的基础上展开教学；除了要考虑学生不同年龄阶段的心理和生理特征，还要考虑不同残疾程度和类型不同而造成的接受信息的差异性。在课堂教学的节奏控制、教授方式、教学内容、教育技术的选择上，会更加具有针对性，在教学效果的把控上会更细节化。同样，特殊教育的生师比相对一般学校教育会更加符合个性化教育、个别化教学、以人文本、幸福教育等教育理念的实施，根据教育部公布的统计数据，到2010年，我国特教学校的生师比为12.57：1，这样的生师比使得小班化教学成为可能。

再次，特殊教育的内外部环境具有其特殊性。新中国成立特别是改革开放以来，随着社会发展水平的飞速提高，特殊教育的发展已越来越受到社会的重视，在各级党委和政府的直接倡导下，残疾人教育观念得到提升、氛围逐渐形成，成果非常丰硕。日益完善的政策与法律法规体系为更多残疾儿童接受教育提供了保障。特殊教育学校数量、在校学生人数、残疾儿童入学率均不断增长。特殊教育学校教师队伍不断扩大，专业化程度不断提高；特殊教育学校办学条件进一步改善，办校功能不断拓展。另一方面，特殊教育的外部社会环境和内部教育环境与普通教育又有不同，例如在有些部门看来，由于特殊教育投入大，成本高，在财政紧张的情况下，对兴办特殊教育的认识不高，动力不强。与普通教育相比，特殊教育在政策标准和投入方面欠公平。部分家长对残疾儿童少年接受教育的认识不足。受传统观念、经济条件的约束，部分家长对孩子的成长没有寄托什么希望，觉得孩子受不受教育并没有什么区别。特别是农村残疾孩子家庭，由于政策允许生二胎，家长往往就把培养重心转移到第二个孩子身上。还有就是社会缺乏对特殊教育的关心。据了解，在全国受捐的希望小学中，极少有特教学校；而一些成功人士在选择捐助对象时，往往考虑的是品学兼优的普校学生，惠及残疾学生的很少。在内部教育环境方面，特殊教育的教育设施、教学环境、教育管理等方面与普通教育相比还有一定差距。

二、特殊教育创新的必要性

变革是教育持续发展之道， 创新是变革内在之需求。在党和政府比以往任何时候都关注特殊教育的今天， 特教学校进行教育变革与创新， 可以更好地提升教育服务品质， 促进特殊教育事业蓬勃发展， 为和谐社会贡献更大的力量。

特殊教育的特殊教育对象是创新教学的基本要求。特殊学校学生在生理、心理和智力上存在不同程度的缺陷，但是我们教育的根本目的是培养能独立思考、可以独立生存的对社会有意义和有价值的个体。这个目的不应因为教育对象的变化而打折扣，相反，特殊教育学校的学生不能像正常学生那样思考和行动，所以要想实现预期的教育效果，就要投入更多的教育教学资源，就要更加精心地设计教学环节，更要在教学创新上下大工夫。只有不断创新教学形式、创新教学设计、创新教学资源、创新教学课程，才能高质量、高效率地培养残疾学生成为社会的有用之才。

创新教学的主阵地是课堂教学。在课堂上，改革传统的教育教学手段和方法是创新教学的主要途径。创新教育教学方法和手段要秉承学生是课堂的主体的教学原则，课堂中所有教学活动都应围绕着发展学生的主体精神进行；要坚持以教师作为课堂教学的组织者和学生学习的协作者，教师的主要作用在于组织、激发、引导、支持、强化和优化学生的自主学习，促进学生主体精神的发展；要认识到教材不再只是书本知识，而且是学生掌握知识、化知识为智慧和能力的载体，成为学生创新精神、创新思维和能力发展的营养剂。应坚持师生、生生对话、交流、互动合作的动态的开放式课堂教学，使课堂气氛活跃而有生气。在具体教学模式上，要更多地采用探究式教学、引入情景教学、问题型教学等教学模式。

特殊教育的内外部环境是创新教学的内在动力。特殊教育工作者肩负着培养残疾儿童成长和成才的使命，这项使命是在内部教学环境不是特别优越的情况下进行的。当今社会对残疾人生活、工作、学习的关注越来越多，但是社会大众对残疾人教育的关注、对特教学校的了解还不多，甚至可以说是少得可怜。特殊教育面临这样的社会环境，更要在教学上多做文章，做出好文章；在育才上多下功夫，多下创新功夫；在社会上多造氛围，营造好的氛围。特殊教育工作者不仅要有奉献精神，还要用事实、用成绩、用不断锐意进取的精神，开拓特殊教育的新天地，谱写特殊教育工作的新篇章。

三、将创新融入特殊教育过程

创新是一个民族进步的灵魂，同样，特教学校应当让创新成为特殊教育教学的核心精神，只有如此，才能促进特殊教育事业蒸蒸日上，才能促使特殊教育教学工作日新月异。因循守旧，也许可以解决特殊教育中的知识传授问题，但却根本无法解决残疾儿童成长、成才的问题。解决残疾学生的生计问题才是创新教学的最终目的。

（一）创新特殊教育课程

不断研发适合不同年龄、不同残疾程度的特殊儿童需求的课程，而不做一刀切式的“大锅饭”；不断根据社会需求变化，及时开设时代感更强的课程；根据一个地区、一所学校的地域文化特点，设计符合本地区或本学校学生的校本课程；根据社会实践的要求，不断改变、改良和改善旧有的以传授知识为主要内容的课程，让理论和现实通过课程这一桥梁，紧密地结合到一起。

（二）创新特殊教育教学设计

教学设计是根据教学对象和教学目标，确定合适的教学起点与终点，将教学诸要素有序、优化地安排，形成教学方案的过程。它是一门运用系统方法科学解决教学问题的学问，它以教学效果最优化为目的，以解决教学问题为宗旨。教学设计是一项系统工程，它是由教学目标和教学对象的分析、教学内容和方法的选择以及教学评估等子系统所组成，各子系统既相对独立，又相互依存、相互制约，组成一个有机的整体。

第一，教学设计是把教学原理转化为教学所用材料和教学活动的计划。教学设计要遵循教学过程的基本规律选择教学目标，以解决教什么的问题。

第二，教学设计是实现教学目标的计划性和决策性活动。教学设计以计划和布局安排的形式，对怎样才能达到教学目标进行创造性的决策，以解决怎样教的问题。

第三，教学设计是以系统方法为指导。教学设计把教学各要素看成一个系统，分析教学问题和需求，确立解决的程序纲要，使教学效果最优化。

第四，教学设计是提高学习者获得知识、技能的效率和兴趣的技术过程。教学设计是教育技术的组成部分，它的功能在于运用系统方法设计教学过程，使之成为一种具有操作性的程序。

教学设计要得以较好地实现，必须具备两个可行性条件。一是符合主客观条件。主观条件应考虑学生的年龄特点、已有知识基础和师资水平；客观条件应考虑教学设备、地区差异等因素。二是具有可操作性。教学设计应能指导具体的实践。鉴于特殊教育对象的特殊性，特教学校的教学设计要更多地考虑学生心理和生理的特殊性，针对不同条件的学生，设定教学目标，选择教学内容和教学方法，使用恰当的媒体，准确评估教学效果。

在课堂教学过程中，通常是以讲授法为主，不能事事都要学生去活动、去体验。但是根据教学需要，可以适时使用讨论法、发现法、读书指导法、演示法、实验法、导学法、辅导法、谈话法、陶冶法、任务驱动法、交流法、互动法、练习法和开放方式教学法等。

（三）创新特殊教育教学实践

1. 特殊教育更要与社会接轨

与普通学校相比，特殊教育学校的教育教学环境相对封闭，外界对特教学校日常教学了解不多，甚至是一无所知。老百姓对特教学校的认识仅限于社会新闻中关于特教学校报道的只言片语。同样，特教学校对外界的了解也存在天然的屏障。一方面特教学校的教师较少与外界进行沟通交流，外出学习的机会也比较少；另一方面，特教学校的学生因为身体或心理的残疾问题，很少能获得走出校门的机会。特殊教育相对封闭的特性，要求特殊教育工作者要创新教学实践，为学生赢得更多与社会进行接触的机会。

2. 实践活动有助于学生康复

完整的康复教育模式应包括集体康复教育、个别化康复教育和家庭康复教育三部分。其中，集体康复教育的一个重要手段就是组织活动。在活动中，特教学生可以近距离接触大自然这个老师，并且能培养学生敬畏自然、热爱生命的情感；各种各样的艺术实践活动，不但能锻炼残疾儿童的动手能力，还可以陶冶情操，让学生在艺术实践过程中学会如何审美；各种走出校门，走进社区、企业的活动，可以开阔学生的视野，拓展他们的思维空间；在实验活动中，不断出现的各种问题可以引发学生质疑和思考，激发他们的兴趣。

（四）创新特殊教育教学资源建设

特殊教育教学资源建设包含建设校内教学实践场所、建设特殊教育资源教室、建设特殊教育实践基地和建设特殊教育课程资源四个部分。特殊教育学校要充分利用空间资源，在学校中设立阅读角、运动角、戏曲角等不同特点的场所，供学生相互交流学习使用；资源教室是指在特殊教育学校建立的集特殊教育课程、教材、专业图书以及学具、教具、康复器材于一体的专门的教室。它具有为有特殊教育需求的儿童提供咨询、个案管理、教学心理诊断、拟订儿童个别化教育计划、教学支持、学习辅导、个别补救教学、康复训练和教育效果评估等多种功能，以满足具有显著个别差异儿童的特殊教育需求；实践基地是培养特教学生创新精神和实践能力的重要场所，是学生了解社会和企业，接触生产实践的桥梁，也是特殊教育实现人才培养目标的重要条件和保障。学生的实践活动必须选择生产经营状况良好的企业进行，良好的企业经营状况可以让他们在刚走向工作岗位的一段时间内能较好地适应岗位的要求，技术先进代表了行业今后的发展方向，管理优良有利于培养学生良好的组织纪律性和团队协作能力，这样的创新实践基地可以为学生提供今后走向工作岗位的全面的预培训，对于学生走好从学校到社会的这段路来讲很重要，对特殊教育学生来说尤其关键。教学实践基地建设的具体模式可以分为协作式、合作式、股份式和共享式等。不论是哪种模式，关键在于要通过各种渠道，协调和合理利用各种社会资源，建设各种形式的校外创新实践教学基地。特殊教育课程建设应体现以人为本的思想，以全面提高学生素质为主要内容，以促进残疾儿童健康成长为目标，面向学生的特殊需要和个性发展，建设国家、地方、校本协调统一的新型课程体系。尤其是校本课程的建设，根据地域特点和学生实际需要研发和开设校本课程，是对国家课程和地方课程的有效补充，它能弥补现行课程计划的不足，增强课程设置对学校和学生的适应性。校本课程的研发和设计要遵循适应社会需要、适应学生发展要求和有助于学生康复等原则。

第二节　超越传统才能实践幸福教学

教育家菲力浦·库姆斯在深入地研究了当代教育后认为：“当前的教育存在着很大的危机，教育中蕴藏着巨大的财富。”在以信息技术为特征的21世纪，教育面临着机遇和挑战，教育和其他行业一样必须进行变革。在这个信息化的社会，传统的教育观念和方法已经束缚了孩子们的发展，因此必需对特殊教育进行改革，其目的不仅是要保证每个残疾学生受到教育，还要保证每个残疾学生接受到最好的教育。

一、传统教学模式的局限性

不可否认，我国的传统教学法由于历史的原因和受以前经济、文化、科技的局限性的影响，普遍存在过于注重知识传授、过于强调学科本位、科目过多和缺乏整合的状况，存在课程内容“偏”“难”“旧”和过于注重知识的状况，存在课程实施过于强调接受性学习、死记硬背和机械训练等状况，大大限制了学生的主观能动性的发挥。总的来说，赫尔巴特所倡导的传统教学模式，实施的是以教师为中心的主体建构策略，为达到规范个性和开启蒙昧的目的，在教学过程中建立起了“权威——权威崇拜者”的绝对教与学的关系。在这种关系中，命令、灌输成了教学过程中的唯一法则，教与学充满着强迫与服从、施与与拒绝和暴力与反抗的冲突。

但我国传统教学以讲授教学为主的教学方法经历了几千年的磨洗锤炼，自然蕴含着无数的精华，毫无疑问其中有它的许多可取之处。其优点突出表现在：它可以让学生减少探索时间，避免走弯路；它有助于形成知识的系统性，有利于学生较快形成概念，理解有关知识；有助于学生基本技能的培养。从某种意义上讲，讲授法是一种最直接、最有效的教学方法。我国学生基础知识扎实，与讲授法运用得好是分不开的。自主性学习强调了学生的主体地位，但应当认识到，学生的能力与认知水平都是有限的。从这个意义上说，传统教学虽具有其历史局限性，但也并非完全不可取。

新课程改革，改变了传统教学中那些满堂灌的方式，强调自主、合作、探究的学习方式，突出以人为本；并以发展为本，特别重视开发学生的智力，发展学生的创造性。但如果缺乏教师的引导，让学生“放手”学习，就很有可能异化为“放任”学习。其实，教师对课文适时适度的解说完全是教师职责内的正常教学行为。教师的使命就在于对学生在自主学习基础上有步骤、有品味地精心“导学”，适时地对知识进行梳理和归纳。

二、幸福教育的人文价值取向

幸福是教育生活的真谛，教育应该是幸福的。教育的重要任务是使教育者幸福并帮助受教育者成长和获得幸福。建构幸福教育的两个体系应该是：其一，让教师拥有一种物质、精神和心灵的幸福生活。其二，不仅要给予孩子一个幸福的童年，还要给予孩子一个幸福的人生。

幸福教育是为人的幸福的，教育不是主要与教师或学生某一方有关，它是师生双方的实践，没有教师方面幸福地教，也就无法真正有学生幸福地学。教育过程中人文关怀的缺失是个体难以体验教育幸福的根本原因。在对个体幸福的探究中，我们发现，有相当一部分个体缺乏幸福感的根本原因在学校。如重结果的评价方式只使得一部分所谓的好学生得到了激励，而绝大多数学生很难从现有的评价方式中得到激励，获得自信，享有幸福。在这个过程中，教育评价俨然成了助纣为虐的工具，成了个体痛苦的根源。另外，要尽最大可能让人在平凡的教育生活中有成功的体验。因为反观我们的日常生活，大多数时候的幸福感来自于我们成功的体验，事实上幸福是生活的成就，或者按照亚里士多德的看法是德性的实现。教育生活亦是如此。如果师生在长期的课堂生活中不能获得成功的体验，就很难想象他们能在这样的生活中产生幸福感。教育生活中的成功，我们没有必要一定要理解为一个人取得了多么辉煌的成就，而是从日常生活着眼、从个体的发展着眼，着眼于师生的个性发展、自由发展和全面发展，着眼于个体对自己有创意生活的构建。

要实现幸福教育，就必须把学习者视为学习活动的主体，必须重视学习者的意愿；相信任何正常的学习者都能自己教育自己，发展自己的潜能，并最终达到自我实现；必须在师生之间建立良好的交往关系，形成情感融洽、气氛适宜的学习情境等。同样，教师教的幸福，一方面来自学校为其创造的良好待遇、自我发展机遇、优良工作环境，另一方面来自学生幸福地学——学生每一天的进步、每一点快乐和每一刻幸福都会反过来激发教师的幸福感。学校的制度和人文关怀要以教师的幸福为重点，教师教学要是以学生为中心，以实践学生的幸福学习为归宿，这是人本主义教学理论的核心，也是幸福教育的人文价值所在。

三、在超越和创新中感受幸福

教育最根本的目的就是要培养人不断地领悟世界的意义和人本身存在的意义。体验就是人对生命意义的把握，要在体验生命意义的过程中感受幸福。而传统的教学模式偏重于知识传授，方法上以教师讲授为中心，评价方式上以考试分数作为唯一标准。课堂教学过程更像是教师一个人的演讲，学生的主动性、积极性无法得到激发。传统课堂，师道尊严被简化成为教师面孔呆板，学生正襟危坐地听课，因此，传统教学模式很难实践幸福教学。教学模式的建构需要立足于学生的生命体验，将人的生命体验作为教学模式建构的核心。要尽量拓展学生的学习空间，在学习上让每一个学生都拥有尝试不同过程和验证不同结果的可能，要允许不同层次的学生拥有相对独立的学习空间，让不同起点、不同层次、不同兴趣的学生具备向不同方向发展的路径。要不断变化和丰富学习活动的空间，以成立学习小组、兴趣小组的方式，鼓励学生去创新实践，走向社会，贴近自然。在课堂上，要努力通过情景创设、疑点设计来促进学生创新精神的培养和创新能力的提升，要不断提高学生发现问题、解决问题的能力，更要给予学生表现的空间，用肯定和激励让学生长期保持创新的意识和动机。创新的教学带来新鲜的教学形式和完美的教学体验，同时可以激发学生参与教学的热情，提高学生的创新意愿和能力。在学生参与教学和实践的过程中，教师不断给予其肯定，学生接受认可，快乐和幸福就蕴含在师生互动中。

第三节　研发校本课程，突出特色教育

目前，我国存在国家课程、地方课程和校本课程三级课程体系，其中校本课程建设是实施素质教育、促进学生和谐发展的一项基础工程，对全面提高学生素质、发展学生兴趣特长、培养学生的创新精神和实践能力、增强学生的社会责任感，具有积极的意义。对校本课程的研发、实践和利用，必将有效地促进幸福特教建设。

一、研发校本课程符合特殊教育需求

目前我国的特教课程存在诸多不足。在课程体系上，现有特教课程更像是普通学校课程的简单模拟或者说是缩略版，特教课程应有的专业性不强，各学校自身的特色不突出。教材存在老化现象，在一定程度上不能适应特殊教育的新要求，也不能很好地针对不同的残疾情况进行区别性的更有针对性的教学。课程的单薄和教材的老化，直接造成教师的教学方法和教学范式单一。同时，教学上的千篇一律影响着教师的专业成长，束缚了教师的创造性和积极性。可以说，研发校本课程是特殊教育课程建设的重点工作，优质的校本课程不仅可

以提升教师对教学科研的关注度，还可以充分激发学生的学习兴趣，能让教与学更好地统一起来。

二、校本课程是实践幸福教育的土壤

幸福教育的关键在教学过程，教学过程中的两大参与主体教师与学生的幸福体验是幸福教育的核心。师生双方在实践过程中通过教与学进行幸福的互动来获取幸福感。这个互动的过程，课程是重要的载体或者说是土壤，设计精良的课程尤其是校本课程可以提供肥沃的养分，教师和学生很容易获取营养——幸福体验。

首先，校本课程贴近地区文化实际，符合学校现实情况，能够最大限度地避免僵化和死板，能将地区文化、学校特色和教学资源统一起来，发挥整体合力，满足教学的现实需求。

其次，校本课程能最大限度地激发教师的幸福感。要让学生幸福，教师首先要幸福，教师的幸福来源于三个方面：一是物质生活幸福，生活上没有后顾之忧；二是精神生活幸福，业余生活丰富多彩，个人爱好、兴趣和特长得以施展和发挥；三是心灵生活幸福，能实现自己身为教师的价值，体会到作为一名教师的荣誉和成就。教师是能在自己的工作领域获得幸福感的。心灵生活幸福主要来自教师的专业化成长，校本课程让教师可以对教材进行创造性理解和个别化表达。可以说，校本课程是教师教学科研的新阵地，教材只有经过教师的教才是有教育意义的。在研发和实施校本课程的过程中，教师在统一学生学的目的与教师设计的目的中体验到幸福，在专业技能不断提升的过程中感受到幸福，在学生的积极参与过程中经历幸福。可以说，校本课程给教师提供了专业成长的路径，教师在沿着这个路径前行的过程中会体会到来自心灵深处的幸福。

再次，校本课程能最大限度地激发学生的积极性。校本课程可以将地方的历史文化、风土人情和社会发展状况等作为主要内容，为学生提高人文素养、了解社会提供帮助。校本课程中涉及传统文化中的老工艺、老行当、老传统的课程内容深受学生的喜爱。校本课程是根据学生的需求而开发的，为了学生的发展而存在。特教学校的学生由于心理和生理上存在某种缺陷，这些缺陷会让他们无法像正常的学生一样认识和理解周围的一切，哪怕是常人司空见惯的生活场景，在他们看来都有可能充满神秘和不可思议。校本课程最大限度地贴近生活，可以通过创设形象逼真的情境，使教学活动丰富多彩的同时，更加贴近生活，溶大社会于小课堂，让学生们进行体验式学习，会让他们收获甚多。此外，校本课程会更多地以学生为中心，以活动为主要形式展开教学，亲身的参与可以提高学生的自信心、积极性和求知欲。

三、校本课程是联系学校、家长的新纽带

“校本”强调课程开发活动是学校发起的，并且是在学校中实施的，强调对学校及当地社区的课程资源的利用，特别是与校外专家的交流与合作。因此校本课程实质上是一个以学校为基地进行课程开发的开放民主的决策过程，即校长、教师、课程专家、学生以及学生家长和社区人士共同参与学校课程计划的制定、实施和评价活动。

就学校而言，教育权的适当下放，赋予学生家长更多实质性的权利，既是学生家长全面参与特殊教育的先决条件，也是学生家长参与特殊教育的实际体现。在美国，学生家长参与特殊儿童的学校教育是全方面、多渠道的。学校应充分认识到学生家长的作用，对于特殊儿童的教育问题，学生家长扮演着不可或缺的角色。如果说老师是教育的专家，那么学生家长则是教育自己孩子的专家。

因此，在特殊儿童的教育问题上，学校不是绝对的权威，更不是唯一的权威，在教学目标的选择、课程方案的制订、个别化教育计划的实施以及行政事务的监督与管理方面，学校应该鼓励并积极邀请学生家长参与，给予学生家长充分的权利，积极听取并采纳学生家长的意见。从具体实施层面来看，学校要尽可能了解特殊儿童家长的教育需求，建立良好的家校沟通平台，充分发挥“家访工作”“家长会”“家长委员会”及“残障儿童家庭互助团体”的功用。

不管是“全民教育”还是“全纳教育”，都需要全体民众的共同参与和相互支持，不仅学生家长、学校教师，而且所在社区的民众等，都会对每位儿童的健康成长产生影响。对于特殊教育立法的呼吁以及对于学校教育的参与，既是家长的权利，也是家长的义务。家长在儿童教育方面的需求主要体现在：儿童享有平等受教育权利和接受最合适的教育机会。这两个需求的满足既依靠于

家长的主动呼吁，又依赖于家长的积极参与，两者缺一不可。目前，在美国特殊教育立法相对完备的情况下，该国特殊儿童家长更多关注的是如何在学校教育当中积极参与。大量研究证明，家长参与学校教育，儿童会有更好的学习成绩、良好的行为表现、健康的身心和更健全的人格，会有助于儿童学习动机水平的提高，学生在学校中会有更优秀的行为表现、更高的学习级别、更好的测试成绩和持久的成功等。

第四节　将课堂还给学生，让快乐回归

学习是不断获得新鲜知识的过程，这本身应该是一件快乐、幸福的事情，或者说每一个人都会愉快地接受新知识，都会幸福地提升自身能力。在实际的课堂教学过程中，由于过分关注知识或技能的传递，造成了课堂重心从学生的发展转移到教师讲授上来，这就造成了本来应该快乐的学习体验，变成了痛苦的强加的知识输入。快乐、高效课堂的灵魂是相信学生、解放学生、利用学生、发展学生，相信学生是师德的体现，解放学生是教育的使命，利用学生是一切教育智慧的源头，发展学生是教育的根本。只有充分尊重学生的主体地位，将课堂还给学生，才能让快乐回归，实现幸福课堂。

幸福课堂基本标准主要有三条，即爱教爱学、会教会学和教会学会。

（一）爱教爱学

首先要树立"以生为本"的正确课堂观，坚持以学生为中心，注重激活右脑，突出赏识导向，强化寓教于乐；其次，重视动机激发与维持，做到引起学生注意，所学内容与学生切身相关，不断促进学生成功自信，及时强化学生满意满足感。

（二）会教会学

首先，课堂教学组织形式应体现"631宗旨"，即60%时间自主学习，30%时间合作学习，10%时间教师释疑。科学组织教学，让学生成为课堂的主人，把时间还给学生。其次，课堂学习模式应落实"5+2环节"，即学生主动自觉并

高效执行前测—探究—展示—练习—后测五个环节， 同时精通课前预习和课后改进两个环节，确保课前、课中和课后一条龙效应最大化。

（三）教会学会

精髓就是高分高能，高分就是当堂达标测验考出高分，考出好成绩；高能就是学以致用、举一反三，将所学知识与技能迁移到同类问题上，能发现问题和创造性地解决问题。

具体在课堂教学中，我们一般要求做到以下几点。

1. 激发教师的实践智慧，让教师有效主导课堂

要想解放学生，发展学生，就必须先解放教师，让教师摆脱传统的教学思想中单纯的知识或技能传授者的角色定位。快乐、高效课堂要求教师要做促成者、学习者、决定者和幸福者。做一名幸福的教师，首先要完成角色的转换，教师由传授者变成学生学习的促进者，做学生成长的助手；教师还应该成为学习者，与学生一起学习，一起成长和进步。彻底改变纯粹地拼时间、拼精力、拼成绩的传统教师教学思路。因为教育从本质上说，它不是一个单纯的知识传授过程。如若教师传授的知识不能与具体的学生生命相结合，则它仅仅是人的额外负担，只会造成更多痛苦。学校教育把传授知识作为唯一目的而不关注具体的学生就往往会好心办坏事。

一切教学过程都可称为教学实践活动，教学实践活动可以促成教师和学生两方面共同成长。作为促成者、引导者，教师要通过传授知识这一手段，以处理知识和学生的关系为着力点，精心施教，促进学生成长，这不仅是教育艺术的问题，更是教师个人生活艺术化的真实表现；教师通过讲授式、启发式、讨论式、练习式、自学式和复习式等不同的教学类型来实现这个过程。作为幸福缔造者，教师要让学生在教学活动中不仅能够识记知识，还能够让知识成为自己成长的推动力量，这不仅是学习艺术的问题，更是学生个人生活艺术化的真实表现。生活艺术化和生活诗意化是幸福教育独有的艺术特色。它的根本目的在于让师生从枯燥乏味的单调生活中寻找各自的意义和价值，这个意义和价值就是个人成长。

教师的教学实践智慧取决于三个方面：一是自身对课堂教学思想的认识，是否认识到传统教学思想的局限性，是否有改变的决心；二是学校是否有教育

教学改革的土壤，学校是否积极引导教学改革行动，是否不拘泥于简单的分数评判原则；三是学生的幸福反馈，即学生在教师的引导下，是否体会到来自内心深处的快乐，是否体会到学习给自己带来的幸福感觉。

2. 激发学生的智慧与生命活力，让学生主动参与课堂学习活动

我们可以这样定义教育：教育是以传授知识为手段的帮助学生寻找幸福生活的育人活动，它的本质目的是促进人的发展，以便尽可能多地激发出人的潜能。用比喻的说法就是：以教师的知识和人格魅力组合成的“中子”去靶射学生们这些“原子”，让他们发生连锁的裂变反应，从而释放出更多的能量。不过这个比喻也有不恰当的地方——它把师生的双向交流活动单向化了。古人早已说过——“教学相长”，在师生双向的交互教学活动中，知识实现了增值，因为它和更多的生命体有机地融合为一体了；人的生命价值得到了展示，因为人在征服知识的过程中表现出了旺盛的创造性、富有智慧的灵动性和融洽和谐的互助性。知识的生命化和生命得到形象展示是教学活动的两个双向交互运动过程，它们之间的交互演化促进了教学不断发展。

学生作为探究者、体验者、合作者、表演者，要在教师的引导下，主动参与课堂教学活动。教师要通过为学生营造快乐的学习环境，创设教学情境，保护和激发学生的好奇心，利用课堂的学习内容或借助灵活的教法，激发学生的学习兴趣，促进学生主动学习。还要通过树立学生的学习自信心，让学生体会成功的喜悦；通过引导学生形成正确的自我意识，让他们克服自卑感。好奇心、自信心是学生主动参与课堂教学活动的前提和关键。

3. 激发课堂的生机与活力，让课堂在对话互动中追求生命的快乐

教师应在课堂中不断变换与学生的交流方式，来唤起学生的学习兴趣。每堂课都应做到：① 师生交流，及时反馈；② 生生交流，合作探究；③ 合理分工，取长补短。总之，在这种全新教学理念的指引下，我们的课堂焕发了生命的活力：课堂成了师生互动、心灵对话的舞台，成了师生舒展灵性的空间，成了共同创造奇迹、探索世界的窗口。在这种教学模式的课堂上，我们的学生学会了堂堂正正做人，教师由传统教学中的主角转向了“平等中的首席”、从传统的知识传授者转向了学生发展的促进者，师生彼此形成了一个“学习的共同体”。我们的课堂，民主、合作、和谐、欣赏代替了以往的专制、被动、压抑和训斥，它向每一颗心灵敞开了温情的怀抱，它的每一个角落都充满了明媚的

阳光。

例如，可以将课堂分为预习课、展示课和反思过关课。预习环节学生作主，展示环节是学生的天地，课堂上学生的表演栩栩如生，讲解落落大方，辩论激烈缜密，或坐或站，动中有静，活而不乱，自主、合作、探究淋漓尽致，课堂成为了学生展现自我的舞台。“兵教兵，兵练兵，兵强兵”，学生能力得到了提升，课堂变得更加活跃、自主。学生在参与中快乐，在快乐中幸福，在幸福中成长，变苦学为乐学、变乐学为会学、变会学为愿学的美好愿景正在得以实现。

一堂高效课堂应该有这样几种声音：爽朗的笑声、恍然大悟的惊讶声和真诚的赞美声。

（1）课堂教学中要有笑声。我们要懂得，师生之间的笑能舒缓紧张情绪，能激发教师教学的积极性，从而形成和谐的教学氛围。教师要树立欢乐课堂的观念，使课堂有教学内容引发的笑声，有教学情境设置引发的笑声，有教师幽默语言引发的笑声，有学生机敏语言动作引发的笑声……有笑声的课堂，师生关系和谐，学生注意力集中，学生学习参与度更大。心理学研究表明，人在快乐中学习，学习更主动，接受知识更快。有笑声的课堂教学，教学效率会更高。

（2）课堂教学中要有惊讶声。我们要明白，每一教学内容必有令学生“惊讶之处”。这要看教师是否能够挖掘教学内容并巧妙设置情境。教师本身也能呈现“惊讶之举”，这要看教师是否具有较高的素质并拿出教学绝活。好奇是孩子们的天性，课堂教学要激发学生的惊奇感，要引发学生的惊讶声。这样的教学，能够引导学生形成学习自觉性，培养学生的探索精神，启迪学生的创新意识。有惊讶声的课堂，教学质量一定很高。

（3）课堂教学中要有赞美声。教学中要有师生对教学内容的赞美，要有教师对学生学习进步和取得成绩的赞美，要有学生对教师精湛教学技艺的赞美，要有学生对学生学习创新的赞美……这些赞美声能够催发师生们的进取精神，能够激活师生们沉淀的潜力，能够提高师生们的审美品位。这样的教学，会使教学的内涵更加丰富，师生教学互动更为融洽，必将提高教学的有效性。

4. 转变课堂评价观，让课堂在自由自主中和谐发展

在新课程实施的过程中，原有的课堂评价观与新课程理念下的课堂评价观产生了冲突与矛盾。以应试教育为背景的传统评价观认为评价应该以目标为导

向，关注学生的学习结果，注重知识的掌握和考试的技巧，强调教育目标与教育结果达成的程度，忽视教育活动的复杂程度，而评价也成为判断目标是否达成的一种手段；以学生发展为背景的新课堂评价观则认为，评价不仅要关注学生的学业成绩，而且要注重评价学生情感、态度和价值观等方面的发展，评价更重要的是促进改进，而不是判断优劣。因此，新旧课堂评价观的冲突与矛盾在中国特殊的教育背景下所聚焦的问题便是：评价如何既促进学生对知识与技能的掌握，又注重学生多方面潜能的发展？面对这样的评价诉求，教师在课堂教学评价中所面对的挑战会更大。因此，教师课堂评价行为便在教师教学过程中凸显其重要性。

教师的课堂评价行为主要分为两类：一是课堂教学活动中的直接反馈方式，如评价性语言、动作和表情等；二是对更加深入的学习情况的评价，如，对书面作业与练习的评价，对平时测验、个别谈话和课堂上表现性任务的评价，或其他类似的在课堂中进行的评价活动。

教师课堂评价行为的策略研究更注重的是形成性取向的研究，主要为：一是以学生为主体的评价策略，包括以激励为导向的评价、尊重差异的评价以及学生的自主评价等；二是注重对学习过程进行评价的策略，包括注重学生的认知过程、探究过程、合作过程的评价等；三是促进学生形成认知结构的评价策略，包括评价学生对概念的理解和对概念之间关系的理解、对学生整理知识掌握情况进行评价等；四是设计目标参照测试题进行评价的策略，主要是以三维目标为整体而设置的相互交叉、相互渗透的以促进学生发展为本的课堂教学评价。

因此，在学生评价过程中，我们要注意以下几点：① 对课堂教学的评价其作用在于促进学生的发展的发展性评价。② 以学生在课堂中的学习状态作为评价教师教学成效的主要指标的以学论教的评价。③ 从知识与能力，过程与方法，情感、态度和价值观等不同的纬度，全面衡量的全面性评价。④ 评价者、教师、学生都是评价的主体的多元性评价。⑤ 不刻意求全，把握快乐课堂教学的学生主动、有趣地学习，主动探究以全体积极参与和有效学习为灵魂的激励性评价。

第五节　医教结合，相互服务，彼此促进

残疾人教育的最终目的是实现残疾人自理、自立、自强，让每一个接受教育的残疾人都能融入社会，正常工作和生活。要实现这一目的，在进行相关的心理辅导、职业教育的同时，还要针对不同残疾类型，辅之以相对应的医疗康复手段。所谓医教结合就是将医疗康复手段与教育方法进行有机结合，在尊重个体差异和个体需求基础上开展的一种全新的康复教育模式。将医疗康复手段与教育方法有机结合起来运用到我们的康复教育工作中去，对于促进残疾儿童健康发展具有积极的作用。

一、医、教——魔方的里与面

从学科视野的角度看，西方特殊教育经历了心理、医学、社会学、组织学、教育学等不同模式的转换与融合。这一过程其实就是从医学单一学科范式的治疗与干预发展到以医学为主加入其他学科成分，进而逐步走向以教育学为主融合其他学科成分的过程。由此可见，医教结合更确切的说法应该是在特殊教育中加入以医疗康复为辅的内容，并且除此之外，还要融入心理学、社会学等其他学科内容，主要目的在于帮助残疾人恢复或补偿受损功能以提高生存质量，增强社会参与能力。如果将特殊教育比喻为一个魔方，那么教育学就是魔方的核心，医学与组织学、心理学一样是其中的一个面，唯一不同的是它是相对来说更重要的一个方面。

二、医教结合根本保障——专业化教师培养

更新教育理念，树立医教结合的全新康复教育理念。每位特教教师必须充分认识到在教育过程中要始终关注学生的康复，有机地把各种康复手段运用到教学中去，使其更好地服务于我们的教学工作。

（一）丰富专业知识，学习相关的医学知识与专业技能

老师们不仅要在我们组织的教学中比较系统地了解每位学生的生理、心理病因和表现症状，还要学习相关的康复教育对策，不断充实了自己的专业知识，提高为特殊儿童服务的能力和水平。

（二）改进教育方式，改变传统的以学科知识传授为主导的教育模式

老师们要积极探索在教学中采取各种辅助手段，比如多媒体技术的应用，结合图文并茂的声光电等信息，既可以让学生在感官上获得更为丰富的信息，又可以弥补听障儿童在认知经验上的不足，使他们既得到康复训练，又促进其康复发展，效果比较显著。

（三）提高教科研能力，运用科学方法解决教学中的问题

在具体的教学实践中，遇到问题时老师们坐在一起相互讨论、共同研究，这样既有助于提高科研能力，又能解决教学中遇到的难题。

三、建立三位一体的康复教育模式

（一）巧妙设计，创设丰富多彩的教学活动

集体康复是指在康复机构中，教师在课堂上或区角里，对残障儿童进行有目的、有组织、有计划的康复教育的过程。孩子的天性就是爱玩，残障孩子也不例外。在开展教学活动时，要注重以游戏活动为载体，将每日的集体教学活动融汇贯穿于游戏中，让孩子们在愉悦的活动中获得知识、提高技能、陶冶性情。

（二）因材施教，打造个性化的单训课堂

个别化康复是指在康复机构中，由治疗师利用现代化的训练设备或量表，对残障儿童进行系统评估，并结合其康复中的问题，制定相应的训练计划，对其进行个别化的、有针对性的康复教育的过程。由于残障儿童个体之间存在着显著差异，在教学单训课时，教学内容的选择应避免单一呆板；要结合孩子原有的认知结构，以他们的生活经验为基础，注重培养孩子对学习的兴趣和对生活的热爱。

（三）广泛动员，充分发挥家庭在特殊儿童康复教育过程中的重要作用

家庭康复是指在教师和治疗师的指导下，由残障儿童家长具体实施的康复教育的过程。众所周知，父母是孩子的第一任老师，并且与孩子相处的时间最长，他们的动作行为潜移默化地影响着孩子，而孩子也无时无刻不在模仿着成人的一些活动。儿童对成人的模仿是教育的基础。我们必须高度重视家庭教育在残障儿童康复教育过程中的重要作用，激发广大家长参与特殊教育的积极性，形成特教中心、家庭共同教育的合力，进一步巩固康复成果，提升教育水平，促进特殊儿童全面健康发展。

集体康复、个别化康复和家庭康复这三者对于特殊儿童的听觉、言语、语言、认知和沟通等全面康复发挥着不同的作用，是不可分割的，必须“三位一体”有机地整合在一起。

四、以游戏活动为基本载体促进医教结合康复教学活动

游戏是一种有目的、有计划的系统的社会活动，是想象和现实生活的一种独特结合，是人的社会活动的初级模拟形式。游戏是儿童生命最本真的色彩，我们可以这样理解：首先，游戏是一种社会性的需要；其次，各种游戏的内容来自周围的现实生活；再次，游戏同社会生活条件有密切的联系，是一种由多种心理成分组成的综合性活动。我国著名儿童教育家陈鹤琴先生认为，游戏是儿童喜爱的一种活动形式，是儿童开始学会许多自然的、社会的、智力的基础知识和概念的途径。作为儿童成长的途径之一，游戏可以提供不可或缺的环境来支援儿童认知、身体、心理情绪及社会能力的发展。游戏活动是一种重要的教育手段。

游戏活动对于康复也有很大的作用：游戏具有很大的娱乐性，可激发学生的积极性，使之主动地参与训练活动。游戏需要学生调动自己的各种感官来参与，有利于其感觉功能的恢复。游戏介于纯粹的训练与真实的生活之间，有利于学生把所学的技能转移到现实生活中。游戏是一种充满乐趣又具有高度可重复性的活动，有利于儿童反复进行训练，使其将所学到的技能予以强化和巩固。游戏活动的最大功能是开发学生的智力，促进学生社会适应能力的发展。

第六节　教育技术助推幸福特教建设

教育（教学）技术是为了学习，对有关过程和资源进行设计、开发、利用、管理和评价的理论与实践。由美国教育传播与技术协会（AECT）给出的这个教育技术定义，我们可以得知，教育技术的主要目的是增进学习效果，实施对象是教育的过程或资源，干预的方式分为设计、开发、利用、管理和评价，主要形态是理论或实践。由此可知，在教学中，利用教育技术可以更好地实现教育教学效果，能让教学过程更加丰富多彩，让不可能变成可能，有利于推动幸福特教建设。

一、数字化幸福特教校园建设

数字化特教校园建设的目的是以特殊教育的信息化推进特殊教育的现代化，让残疾学生充分享受现代科技成果，让残疾学生从教育信息化中充分受益，最大限度地实现教育公平。数字化特教校园建设包含以下几个部分。

以学校校园网站为核心，建设校园信息网，实现校内数据共享，进行数字化学习、教学、科研、管理和服务，创建数字化的生活空间，实现数字化环境、数字化学习、数字化科研、数字化生活和数字化管理，提高残疾学生学习和生活质量。

结合信息技术与课程整合，实现班班通工程，争取每个教室都安装多媒体教学演示系统，每个教室都能够联通校园网，可以随时随地下载教学资源，做到班与班之间可以实时交流。立足本校，建设教学资源库，做到每个课程、每节课以至每个知识点都有教学图片、视频等资源可以利用，并且吸收其他学校或者来自网络的相应资源，并实时更新完善资源库。

校园安全网建设主要是针对残疾学生盲聋等特点而专门设计的校园广播网。根据特殊儿童的特点，校园安全系统必须采取声光联动的方式，同时满足对不同区域实行紧急事故报警处理和安全演练的需要。对聋生独立活动区域实行灯光指示引导，对盲生独立活动区域采用声音引导，对公共活动区域实施声光联动广播方式。自动广播播放系统需要能定时触发聋部教室、区域和公共场所的红绿灯；盲聋部宿舍独立采用电子唤醒系统。对于突发灾害事件可以强制发布事故警报，同时触发聋生教室和公共活动区域黄灯闪烁，启动宿舍唤醒系统。

二、现代教育技术带来的种种可能

（一）提升学生学习兴趣

多媒体技术将教学内容用文字、图像、声音和动画的方式全方位、多视角地呈现在特教学生面前，不断地刺激特教学生的感官，使课堂教学的趣味性大大提高，激发了特教学生的学习兴趣，使特教学生大脑各区都处于兴奋状态。计算机多媒体课堂或者网络虚拟教室使得特教教师与特教学生间和特教学生相互之间的交互性大大提高。

（二）提升课堂参与度

通过开展各种教学实践，如问题教学法、启发式教学法、讨论式教学法和情境式教学法，使得特教学生的参与度大大提高，特教学生能接触到更多的情境、发现更多的问题、设想不同的方案，思路更开阔，参与意识也充分调动起来，课堂充满生机与活力。

（三）做到以学生为主体

信息技术突破了特教学生自主学习的技术瓶颈，丰富的资源、及时的人力支持、强大的互动平台以及各种各样的学习工具，为特教学生提供了更大的学习空间和自由度。特教学生不仅可以进行新知识和技能的学习，还可以进行兴趣性学习、验证性学习和补偿式学习。这样，特教学生彻底改变了被动学习的局面，他们完全可以在特教教师的指导下，根据自身的个性特征和需要随时随地开展自主学习，成了学习上真正的主人。

（四）情境化教学解决教学难题

课堂教学中，特教教师可以利用多媒体信息技术创设情境，通过角色演练的形式使特教学生融入具体情境中进行学习。首先根据教学内容确定演练方案；然后对班级进行分组，确定各自的角色、任务；任务分配后给予学生适当时间利用信息技术进行资料搜集和准备；接着，实施虚拟演练，在演练过程中，特教教师要充分利用信息技术在主题图片、音乐等方面营造逼真的情境，鼓励特教学生在角色中发挥主动性，尽情激发自己的想象力和创造力；演练结束后，教师要对本次情境教学活动进行总结和评价。虚拟现实技术能把微观世界和宏观世界生动、清晰地显现出来，整个世界都可以被模拟仿真，这就为在教学中让学生认识现实生活中难以模拟、创设的教学情境带来了机遇，为学生学习和了解日常生活中观察不到、接触不到、难以想象的抽象知识解决了难题。

（五）能够最大限度地补偿缺陷

补偿缺陷是特殊教育学校一项重要的课堂教学任务。社会上存在大量的现代教学媒体，而各种教学媒体又具有不同的特性，合理而有效地运用它们可以补偿残疾儿童的缺陷。现代教学媒体能够更好地发挥残疾儿童的“知觉代偿”作用，如给视力残疾儿童使用听觉媒体，给视障儿童提供听觉刺激，给听力残疾儿童使用视觉媒体，给听障儿童提供视觉形象刺激，丰富他们的视听感官接受信息的内容。此外，现代教学媒体还能够起到开发特殊儿童潜能的作用，如，用视觉媒体刺激视力残疾儿童的残余视力，用听觉媒体刺激听力残疾儿童的残余听力，用多媒体强大的视听效果来培养智力落后儿童的注意品质。

（六）提高课堂教学效率

现代教学媒体能够把特殊学校教师从繁重的演、练、写中解脱出来，节省课堂教学时间，从而提高教学效率。这主要是通过教师课前备课过程从事大量的准备工作（如教学课件的制作、教学素材的选择等等）来实现的。当然这也无疑加大了对教师素质和能力的要求，在一定程度上加大了教师的工作量。笔者曾经走访过重庆市两所不同条件的特殊学校，同样是教授聋生语文课，在北碚特殊学校里的老师教授语文是把语文课文内容手抄在大白纸上，再贴在黑板上才能讲解课文；而在运用了现代教学媒体的重庆市聋哑学校，直接运用投影仪就轻而易举地解决了。

（七）扩充学习渠道，提高教学质量

在新课程理念下，我们的教育不是为了教会学生多少技能和多少知识，而

是为了让学生学会学习、学会做人。“授人以鱼，不如授人以渔。”如果让特殊儿童学会了如何使用互联网，并将现代教学媒体应用到课堂教学中，可以让特殊儿童不但从教师那里获得知识，还能够让他们根据自己的需要选择学习内容进行自主学习，从而扩充了学习渠道。特别是视障学生和听障学生，他们可以经过一定的培训和学习学会使用计算机及网络，当然盲人用的计算机和我们普通人使用的计算机在硬件设计和软件的配备方面存在一定的差异。通过自主网络学习，特教学生就可以扩大自己的知识面和了解世界上最前沿的知识，也为终生学习奠定良好的基础。

（八）优化康复训练的效果

利用现代教学媒体对特殊儿童进行康复训练的过程，不仅能够确保“一对一”的个别训练，还能够把教师从繁重的机械劳动中解脱出来，从而有充分的时间和精力用来调整每个特殊儿童的训练计划，研究训练方法，提高特殊儿童康复训练效果。如为了改善学习障碍儿童的认知能力，以认知心理学与神经心理学理论为指导，并针对儿童学习能力发展的不平衡以及在感知觉、注意、记忆、计算、语言和逻辑思维等具体学习环节上出现的学习困难而有针对性地培养特殊儿童的认知能力等。

三、全方位感官体验幸福的味道

教育传播学中有一句话大意是说，媒体是人体的延伸。现代教育技术在教学中的应用，可以让学生得到全方位的感官体验，让残疾学生可以通过所创设的教学情境，获得听得见的幸福、看得到的幸福、摸得着的幸福、想得出的幸福和感觉得到的幸福；让残疾学生在安全、愉悦、和谐的教学环境中，彼此打开心扉，获得心灵深处的力量，让思想插上翅膀，自由地翱翔。

第六章 自主开放是幸福课堂的根本

课堂教学既是特教学校教师人生中重要的生命经历，更是特教学校学生人生中无可替代的生命历程。课堂教学是学校工作、学生生活最基本也是最重要的组成部分。课堂教学质量直接影响着教师的幸福感和学生是否拥有幸福的人生。

创设自主开放的课堂，对学生健康主动地发展、对教师的幸福和学生的人生幸福会起到奠基的作用。自主开放的课堂是一种符合新课程理念的课堂教学模式。这种模式下的课堂教学应该以“培养人的健康、主动发展意识和创新精神为核心”。“开放式课堂教学基本内涵包括：教学理论体系是开放的，课堂教学观念是开放的，课堂教学的环境是开放的，课堂的额内容是开放的，教与学的地位是开放的，教学方法的运用和研究是开放的，教学评价体系是开放的。”即教学目标、教学内容、教学形式和教学过程等全方位开放。

第一节 建设和谐课堂师生关系

教师、学生和教学内容是课堂教学不可或缺的三个基本元素。这三个基本元素之间的关系决定着课堂教学的幸福程度。对于特教学生而言，课堂教学是其学校生活的最基本构成，它的质量直接影响特教学生当下及今后的多方面发展和成长，关系到特教学生未来是否拥有幸福的人生。对于特教教师而言，课堂教学是其职业生活最基本的构成，它的质量直接影响教师对职业的感受与态度、专业水平的发展和生活价值的体现，关系到教师的职业幸福感，进而关系到教师的人生幸福。对于教学内容而言，课堂教学是有效呈现它并使它具有价值和意义的平台，是学生获取幸福能力的过程的积累，是教师体验幸福的载体。

一个特教学生，至少要有十多年的时间在以课堂教学为主的学习过程中度过。他生命中最灿烂的年华、最宝贵的时间属于课堂教学，在课堂教学中度过。课堂教学的质量对于特教学生生命的成长、生命的延展起着决定性的作用。课堂教学的质量，直接影响着学生生命的质量，影响学生未来的人生。一个教师，如果一辈子从事教学工作，就意味着他生命中大量的时间和精力，是在课堂中为了课堂教学而付出的。课堂教学对他而言，不仅是完成既定的教学任务，更不仅是职业的责任需要，而且它已经成为教师生命重要的组成部分，是教师自身价值实现、社会价值实现和自身发展的重要组成部分。教学内容，看似是一些没有生命的文字、手语、盲文、图片、声音或视频，实则承载着教师和学生的幸福需求。教师通过自身和学生的行为赋予教学内容生命的活力，使每节课的教学内容都能成为教师自身幸福感的体现。学生通过教师和自身行为使教学内容焕发色彩，使每节课的教学内容都能成为学生幸福人生的一个个基点。教学内容具有丰富、发展教师和学生生命的意义。不论是教师还是学生都是以整体的生命，而不是以生命的某一方面，投入到课堂教学活动中去的。所以，课堂教学应该具有生命的活力，应该成为一个个幸福的殿堂。

在课堂教学中，师生之间始终是一对矛盾，要想创设自主开放的课堂，使特教学生在课堂中健康主动地发展，特教教师就需要转变观念，建设新型和谐的课堂师生关系，这是师生感受人生幸福的源动力。

和谐的课堂师生关系是建立在特教教师关注特教学生的基础上的。在以往的课堂教学中，教师重教不重学，常常以“权威拥有者”和“命令发布者”的姿态出现。这样容易让学生对老师“畏而远之”或“厌而远之”，学生只是在机械地执行着命令，而没有自主权。随着课改的深入，教师在课堂中的角色也发生了变化。教师是课堂教学的指导者、引导者和参与者，学生是课堂教学的被指导者、被引导者和被动参与者。指导者、合作者、参与者等固然是当今教育所倡导的课堂教学中师生各自的角色。那么，在幸福教育观的指引下，和谐的课堂师生关系又应该有哪些方面呢？

一、特教学生是主动思考者，特教教师是适时调适者

在以幸福教育观为指引的课堂教学中，教师要给学生主动思考的空间和时

间，给学生提供主动思考的方法和途径，给学生主动思考的机会和展示的平台。教师要意识到，师生在人格上是完全平等的，学生是有独立个性和主观能动性的人。他们的好奇心、学习热情和学习兴趣需要及时得到保护与支持。

二、特教学生是主动获取者，特教教师是主动给予者

当今社会，无论是哪一个行业都倡导“主动发展的意识和能力”，课堂教学中的师生角色也倡导“主动发展”。学生在课堂教学中能够主动获取知识、获取技能、获取同样的经验、获取教师的讲授，对于学生而言是莫大的幸福。这远比被动接受、被动获取对学生的价值更大。要想让学生成为主动获取者，教师必须是主动给予者。将课堂全方位还给学生，教师是主动的给予者，给予学生主动获取的机会、形式与内容。

三、特教学生是多元声音的发出者，特教教师是敏锐的倾听者

特教学校课堂教学，应该创设一种畅所欲言的学习氛围。就是允许学生发出多元的声音。允许学生发表自己的不同见解，允许他们从不同角度思考问题并阐明自己的想法。教师除了参与声音的发出外，更重要的是一个敏锐的倾听者，用心倾听学生的声音，从声音中关注学生的需要，了解学生的想法，发动交流讨论，引导有价值的声音。

四、特教学生是多种学习行为的践行者，特教教师是积极的评价者

德国教育家第斯多惠说：“教学的艺术不在于传授本领，而在于激励、唤醒和鼓舞。”德国哲学家、心理学家和教育家雅思贝尔也说过，教育的本质意味着：一棵树摇动另一棵树，一朵云推动者另一朵云，一个灵魂唤醒另一个灵魂。在课堂教学中，教师要给学生创造各种各样的机会，让学生成为多种学习行为的践行者。允许学生有不同见解，允许学生犯错误，允许学生有失误。教师在这个过程中，要善于发现学生的成功和进步，善于发现学生学习行为中的

积极因素，及时给予肯定的、激励的、正面的、积极的评价。

调适者、给予者、倾听者、评价者，无论哪种教师角色，都是建立在关注学生的学习状态和学习行为基础之上的。教师要关注学生知识、技能、情感、态度与价值观的全面发展，关注学生的长期发展，关注学生发展中的富有个性的学习方式，关注学生的学习兴趣，关注学生的知识经验……只有关注学生，学生与教师在课堂教学中的角色才是真正有价值的，学生和教师才能在课堂教学中有感受幸福的可能。

第二节　培养良好的学习习惯

习惯培养的问题，在中外教育史上都被给予了很多关注，孔子、卢梭、杜威等教育家无不对习惯有着精辟的论述。但长期以来，大量研究都集中于德育领域与行为习惯的养成方面，随着对科学学习方法的研究的兴起，学习习惯也越来越受到人们的重视，人们正试图把科学的学习方法通过习惯沉淀在特教学生的素质中，从而使他们终生受益。

一、课前预习是提高课堂学习效率的基础

有效的预习，能提高学生学习新知识的目的性和针对性，可以提高学习的质量；课前准备是学生上好课的前提，可以保证上课的质量。

（一）明确预习要求，教给预习方法

首先要求教师根据学生年龄、水平及学科特点教给学生预习的方法，为学生预习导航。只有明确要求，学生才能进行具体操作，才能达到预期效果。

（二）检查落实，保证效果

叶圣陶先生说过："预习原很通行，但要收到实效，方法必须切实，检查必须认真。"

（三）持之以恒，形成习惯

心理学研究表明，学生一个良好习惯的形成至少需要21天的时间，因此教师要对预习工作常抓不懈，直至学生能够自觉形成习惯。

二、课上的学习习惯是学习质量的保证

（一）课上基本学习习惯：专注看、倾心听、流畅说、认真写

习惯是人在较长时间内形成的规律性的行为方式，一旦形成便难以改变。长期有规律地安排学习的人，便可以养成良好的学习习惯。

（二）课上拓展学习习惯：主动质疑、自主探究、验证猜想、小组合作

课上拓展学习习惯是指学生在思考探究、获取与处理信息和实践检验方面的习惯，其表现为学生对于教师讲授内容的态度，以及学生主动质疑、自主深究、验证猜想、小组合作的能力。学生在课上的拓展性学习习惯更加重要，学生要完全参与到小组合作中来，在小组讨论和操作方面提高小组合作的实效性。不光要让所有孩子都参与进来，还要让他们有所收获，即通过小组合作每个孩子都能得到一定的发展，要使学生在小组活动中在同伴思维互相碰撞的过程中更有效地获取信息和进行思考探究。第一要培养学生善于质疑的习惯，第二要培养学生手脑结合、注重实践的习惯，第三要培养学生良好的思维习惯。

三、 课后学习习惯是提升学习能力的途径

（一）课后、课外基本学习习惯：认真完成作业的习惯、认真书写的习惯和错题积累的习惯

完成作业，是学生最基本、最经常的学习实践活动。

（二）课后、课外拓展学习习惯：课外阅读的习惯、主动获取课外信息的习惯

一要明确意义，讲清要求；二要教给方法，指导积累；三要开展活动，调动兴趣；四要严格把关，保证阅读量。

总之，良好的学习习惯是一种良好的非智力因素，是学生必备的素质，只有坚持不懈地抓特教学生良好学习习惯的养成，才能培养出习惯良好的优秀特教学生。

第三节　构建多元的课堂教学资源

教学内容是学与教相互作用过程中有意传递的主要信息，一般包括课程标准、教材和课程等。构建多元的教学内容应该成为课堂教学中教与学的重要内容。这一任务，一端承载教师，另一端承载学生。教学内容的构建，直接关系到师生在课堂教学中的幸福感。

多元化课堂教学资源的构建，既关系到教材，更关系到特教教师和特教学生。这三者是不可或缺的因素。在幸福教育观的指导下，课堂教学资源应该是指一切能够让教师感受到职业幸福感、一切能够让学生获取幸福能力的课堂学习资源，这既包括物质性资源，又包括精神性资源；既有文本形式的，更有音频、视频、图片、语言和肢体等方面的资源。

一、关注教材本身

教材是最重要的课堂教学资源，然而在日常的教学中使用这种教学资源却存在着这样或那样的问题，对此，我们要做到“用教材教而非教教材”。“用教材教”，就是依据课程标准，把教材当成学习的素材，通过教学与学习过程实现“知识与技能、过程与方法、情感态度与价值观”的三维发展目标的教学行为。在这种教学行为中，教材只是一种学习工具。

新课程背景下，对教材的使用发生了从“教教材”到“用教材教”的转变。这种转变一是体现了教学思想的转变，二是体现在教学方式的转变上，三是体现在对待“预设与生成”的态度上。关注教材本身，并非是对教材的顶礼膜拜，而是恰当地使用教材，对教材进行适当的调整和重新整合，根据实际情况增加或删减内容。教师要创造性地使用教材，在使用的过程中融入自己的科学精神和智慧。只有这样，教材才能真正成为一种课堂教学的资源，真正发挥它应有的作用，才能使教材具有生命的活力。

二、关注学科间的整合

每一门学科看似是独立的，实质上与其他学科有着千丝万缕的联系。随着教学改革的进一步深化，学科与学科之间的界限正渐渐模糊。如果只是就本学科的教材内容而讲教材，则会使教学内容显得单薄。关注不同学科间教学内容的整合，可以丰富教学内容，使教学内容具有厚重感和文化感。这不失为一种很好的课堂教学资源构建的方式。学科间教学内容的整合可以有效减少知识的分割和学科间的隔离，实现学科与学科之间知识的融会贯通，使相互整合的学科之间互助互动、互相渗透、互相促进、共同提高，进一步发展学生的综合能力。同时能够增强教师的研究意识，使其养成理论学习和实践反思的习惯，提高研究和解决教学实际问题的能力，提高课程开发和建设的能力，促使教师专业水平不断发展。

三、关注文化背景

课堂教学资源的构建不能不涉及与教材相关的文化背景。文化背景是一篇文本教材背后的支撑，有了这样的支撑，文本才厚重，学习才有味道。关注文本背后的文化背景，既是对多元课堂教学资源的构建，更是对学生人文精神和人文素养的培养。叶澜教授指出："教学内容要实现三个方面的沟通，即书本知识与人类生活世界沟通，与学生经验世界、成长需要沟通，与发现、发展知识的人和历史沟通。"

在课堂教学资源构建的过程中做到上述三个沟通，可以拓展教学内容的文化宽度。作为教师，我们不能仅仅着眼于知识素养的提高，更要把握人的发展的深刻内涵，为人的"终身发展"打好基础。在课堂教学资源构建的过程中做到上述三个沟通，不仅可以与文本产生情感共鸣，深化教学内容的文化深度，还可以优化学生的价值取向，使其达到追求人文素养的高度。让文化回归学科教学，可以帮助学生真正从文化中汲取精神营养，形成积极的人生态度，全面提升人文素养。

四、关注学习过程中的“生成”

课堂是一个充满活力的生命整体，处处蕴含着矛盾，其中预设与生成之间的平衡与突破，是一个永恒的主体。预设与生成是辩证的对立统一体，课堂教学既需要预设，更需要生成。预设与生成是课堂教学的两翼，缺一不可。

关注学习过程中的生成，有效地利用生成来发展学生的思维、培养学生的能力、提升学生观念，生成就是最好的课堂学习资源。

关注学习过程中的生成，在课前进行教学设计时教师就要有意识地给学生留够自由思考的空间；要在课堂教学过程中锻炼自己的反应和智慧，及时抓住学生学习过程中有价值的新的生长点；要在课堂中关注学生本身所蕴含的学习资源；要给学生提问的权力，并培养学生能够提出有价值问题的能力；要注意创设有趣、有益的情境，激发学生在情境中突发的“生成”因素。

五、关注特教学生的非语言行为

非语言行为是指用手势、表情、姿态、眼神、举止等行为方式来表达某种意思的一种无声语言。教师有意识地在课堂教学中准确、恰当、自然地运用非语言行为，可以增加语言的感染力和表现力，创造和谐的学习氛围，扩大师生间的交流，提高课堂教学效果。在课堂教学中，非语言行为可以增加语言行为的生动性、形象性和准确性，是课堂教学中有声语言的必要配合和重要补充。非语言行为有着语言行为不可替代的功能和作用。教学中准确合理、适时适度地使用非语言行为，有利于提高教学艺术和教学水平，教学本身也会如虎添翼、倍受欢迎。学生的非语言行为同样是一种课堂教学资源，既对学生有一定帮助，更是对学生学习行为的发展和衍生。

六、关注教学过程中的评价

教学评价策略主要指对课堂教学过程与结果作出的一系列价值判断，评价贯穿于教学活动的始终。课堂教学过程中教师的评价语言主要指教师在与学生日常教学接触、互动的过程中，通过观察和交流了解学生的相关情况，以口头语言的形式作出判断和反馈，是一种非正式评价。这种评价具有及时性的特征。每一种有效评价都会对课堂教学中的教和学产生影响，因此，教学过程中的评价语言同样是一种课堂教学资源。这种教学资源关注全体也关注个体，关注结果更关注过程中的即时表现，关注有形的语言更关注学生的情感体验，关注优秀表现的同时也关注需要进步的地方。评价语言不仅反映出一位教师的教育观念，同时也反映出教师的教育机智和临场应变能力、教学经验的累积程度以及教学艺术技巧的掌控等。每一位教师都可以通过自己的教学智慧，随时评价学生的学习行为，从而真正发挥评价的激励、导向、诊断和教育等方面的功能。

案例一：

难忘的一课

一、教材分析

本文按照事情发展的顺序，讲述了抗日战争胜利以后，作者在台湾的一所乡村小学，见到一位年轻的台湾教师认真教孩子们学习祖国文字的动人情景；以及在学校礼堂里参观中国历代伟人像时的深切感受。表达了台湾人民热爱祖国的深厚感情和强烈的民族精神。

课文主线清晰，叙事生动，感情充沛。“我是中国人，我爱中国”这句简短而又深刻的话贯穿全文，反复出现，每一次都伴随着一段情节，都表达了人物的思想。它既是文章的线索，又是情感的主线。

选编这篇课文的目的是激发学生的爱国情感，培育学生的民族精神。在了解课文主要内容的基础上，引导学生抓住课文的主线，联系时代背景，用心感受字里行间饱含的民族精神和爱国热情，这既是教学的重点，又是教学的难点。

按教参要求，本文分八课时讲授：

第一二课时：检查学生预习情况，学习生字新词，初读课文。

第三课时：理解句子意思，弄清课文线索，大体理解课文内容。

第四课时：理解课文内容，感受台湾人民热爱祖国的深厚感情，从中体会强烈的民族精神和深厚的爱国情意；有表情地朗读课文。

第五课时：做课后练习及“探究与练习”，加深理解课文内容。

第六七八课时：写作文。

本节课是第四课时。

二、教学目标

1. 知识技能目标

（1）理解句子意思、课文内容，提高学生阅读能力。

（2）有表情地朗读课文。

2. 情感、态度与价值观

理解课文内容，感受台湾人民热爱祖国的深厚感情，从中体会强烈的民族精神和深厚的爱国情意。

3. 过程与方法

（1）充分利用教材，调动学生的学习兴趣，引导学生走进课文，多读课文，激励学生在读中想、读中悟、读中交流体会台湾人民强烈的民族精神和爱国热情。

（2）有表情地朗读课文，体会语句所表达的感情。

三、学情分析

聋哑学生因听力丧失，接收的信息很少，知识贫乏，阅读理解能力、悟情能力和语言表达能力均较差，特别是本班B类学生较多，智力更差，学生在正确理解课文内容方面存在着很大的困难，而激发他们的爱国情感就更难。但因平时学生看电视节目，对日本人侵略中国的罪行还是比较了解的。因而学习本文，要注重联系学生的感性经验，联系学生学过的历史知识，并补充台湾历史知识介绍……利用好这些感性经验，激发学生的爱国感情，让他们从中感受强烈的民族精神和深厚的爱国情意。

四、设计理念

把学习主动权充分交给学生，切实落实学生的主体地位，让学生愉快地自主学习、合作学习，在读中想、读中悟、读中交流，切实激发起学生学习的积极性、主动性，使其扎实提高学习能力。

学习课文时，让学生紧紧围绕“我是中国人，我爱中国”这句话，联系时代背景，想象当时的动人情节，调动起学生的学习兴趣，激励学生在读中感悟、读中体会台湾人民强烈的爱国热情和民族精神。

五、教学重点

教学重点是学生理解课文内容，有感情地朗读课文，体会其中的思想感情。

六、教学难点及解决策略

教学难点：课文中三次出现“我是中国人，我爱中国”，理解“我”每一次的感受。

解决策略：调动学生的学习兴趣，引导学生走进文本，在读中想、读中悟、读中交流体会台湾人民强烈的爱国热情和民族精神。

七、手语准备

掌握手语词汇，如抗日战争、高雄、郊外、一笔一画、吃力、光复、重新、真挚、崇高、意外、起劲、伟人、香港、澳门。

八、教具准备

大字课文、挂图、伟人像（孔子、诸葛亮、孙中山和郑成功等）、水彩笔一盒。

九、教学过程

（一）导入（1分钟）

（1）课前准备：同学们课前都查了有关台湾省的资料，现在谁能给大家介绍介绍呢？（设计意图：以学生为主体，培养学生主动查阅有关资料的兴趣与能力，并为本节课做好感情铺垫。）

（2）本节课讲的是台湾刚刚光复时，“我”在一所乡村小学里所见到的动人情景。那作者究竟看到了什么动人情景呢？今天我们就继续学习第6课

板书：6 难忘的一课 （读课题，突出“难忘的”。）

（二）新授

1. 整体感知（5分钟）

（1）让作者难忘的是什么？（抗日战争胜利以后，台湾教师教学生学习“我是中国人，我爱中国”。）（注意引导学生把句子说具体，说完整。）（设计意图：紧扣课题，让学生抓住重点，理解课文内容，并训练提高学生的语言表达能力。）

（2）“我是中国人，我爱中国”这句话在课文中出现了几次？（三次）

（3）这几次分别出现在什么地方？“我”有什么感受呢？（学生可能不会）请同学们边默读课文边画出来。

（过渡语：学生先试着回答，如果不会，再引导着学生读课文。师：那就请同学们走进课文，认真阅读，同作者一同去感受当时的情景吧。）

2. 具体理解（28分钟）

（1）读讲第一次出现（教学顺序：学生读句子——学生讲句意，教师点出重点词检查学生的理解情况，引领学生深入理解课文内容——指导读）（设计意图：以学生为主体，根据学生实际理解情况，教师进行有针对性的指导，以求做到以学定教。）

指名读出第一次出现的地方。（师：谁能给大家读读第一次出现的地方？）

问：老师是怎样写的？从“一笔一画”“认真”和“吃力”你体会到了什么？（“吃力”让学生亲自写体验、比较，联系上下文理解：“光复”不久，老师就把自己刚刚学会的祖国文字教给学生，体现了老师对祖国的爱。）

问：老师和孩子们是怎样读的？从“一遍一遍地、严肃认真、富有感情”你体会到了什么？（师生都很认真，都很强烈的爱国之心。领学生试读。）

那作者的感受是什么呢？（ “好像每个字、每个音都发自他们火热的真挚的心。”）

“火热的真挚的心”指什么？（强烈的、深厚的爱国之心。）

我们试着读读这句话：“我是中国人，我爱中国！”（不必大声，但必有情，语速稍慢。多读并体会，指导学生读出感情。）（设计意图：让学生走进文本，深入体会。）

学生自己有感情地朗读课文（3~6自然段），体会其中的思想感情。（点出的重点词要重读。）

（过渡语：看到这动人的情景，“我”被深深吸引住了，谁来读第二次出现的地方？）

（2）读讲第二次出现。

一学生读第二次出现的地方。

学生讲，教师提问：“我”跟着那位教师，“大声地”“整齐地”“一遍又一遍地”说明了什么？（“我”被深深地感动了。）该怎样朗读？（指导学生大声齐读，要有感情。读四遍。）

大家发现了“我”，又怎样了？（读得更起劲了。）（读演示（两遍）：

声音更大，感情更深。）（设计意图：让学生走进文本，深入体会。）

（3）进入情境学习第三次出现

（过渡语：下面请同学们结合图自学第三次出现的地方，一会儿老师要检查，看你们是否读懂了，而且感受到了当时的心情。好，自己反复读这一部分。小组之间可以合作，分工扮演老师和船员。）

学生自己读课文，教师巡回辅导。（小组内可以试着表演。）

教师演示课文内容，重点演示出船员的感动。师生可互换角色。（先让学生演船员，教师再演。以便加深学生的理解。）（设计意图：让学生进入情境，深入体会，切实理解课文内容，体会作者的思想感情。）

"我"这时是怎样的感受？（激动，被这种强烈的民族精神，深厚的爱国情意所深深感动。）（引导写—读"我是中国人，我爱中国"）

师：现在就带着你强烈的民族自豪感和强烈的爱国之情，把这句话写下来吧！（师生书写"我是中国人，我爱中国！"并饱含深情地朗读。）

（4）朗读全文，总结提高。师：今天，我们一同走进了课文，感受了当时台湾人民强烈的民族精神和深厚的爱国情意，（板书：民族精神、爱国情意）你们感动吗？ 好，现在就请同学们带着你强烈的民族自豪感和爱国深情再读一遍课文吧！

（三）总结深化（2分钟）

"同是中国人，我们爱祖国！"让我们高兴的是，香港于1997年7月1日回到了祖国的怀抱，澳门也于1999年12月20日回归了祖国。可是，现在台湾还没真正和祖国大陆统一，总有个别人想搞台湾独立，我们能同意吗？（不！）对！台湾的广大人民也不会同意，因为我们都是中国人，谁也别想分裂祖国！！

大声读："我是中国人，我爱中国！"

（四）拓展延伸（3分钟）

让学生谈谈学完本篇课文后的感受。（启发学生联系自己的实际大胆说。）

（五）作业（1分钟）

1. 下课后请结合自己的实际写一篇读后感，要表达出自己的真情实感。

2. 做"语文探究与练习"第三题第（1）题和第六题。

案例二：

盲校数学“圆柱的认识”教学设计及反思

（王朋亮）

教学目标：

1.使学生了解圆柱的特征，能正确判断圆柱体；认识圆柱侧面及它的展开图。

2.培养学生的观察能力和动手操作能力，发展学生的空间观念，有效地进行视觉缺陷补偿。

3. 通过经历观察、操作的过程，认识圆柱；动手量一量、摸一摸，感知圆柱的特征以及认识圆柱侧面的展开图。

4. 通过参与知识形成的过程，让学生感悟数学美和数学知识来源于生活，激发学生的学习兴趣。

教学重点：理解并掌握圆柱的特征

教学难点：认识圆柱的特征及其侧面展开图

教学准备：几个圆柱形的实物和模型等

教学过程：

一、自主探知，学习新知

1. 初步感知，了解圆柱

师：老师给每个同学桌子上放了一个礼物，想知道是什么吗？那就赶快行动吧！（同学们通过看和摸说出是什么礼物）

请组内的同学把你们的礼物交换着观察一下。

师：像你们手中的茶叶盒、罐头盒等这些物体的形状就是圆柱体，简称圆柱。这节课我们就来学习“圆柱的认识”。

师：请同学们观察一下你们手中的圆柱，它是由几个面组成的？哪三个面？

教师明确：圆柱上下两个面叫底面。两个底面之间的面叫侧面。

师：观察一下，圆柱的两个底面是什么形状呢？你们再摸一摸圆柱的侧面，和我们以前学过的长方体和正方体的感觉一样吗？

教师明确：那我们就叫它曲面。圆柱有一个侧面，是曲面。

师：你们再仔细观察一下，除了感觉到圆柱的侧面是曲面以外，还有什么发现？

师：像这样直直的、上下粗细一样的圆柱叫直圆柱。教材中所说的圆柱都是直圆柱。

师：圆柱侧面的粗细一样，那它的两个底面会怎样呢？

师：请同学们一起感觉一下，他说的对不对？

师：数学来不得半点儿马虎，下面我们就来验证一下。同学们想一想你要用什么方法来验证。现在小组合作学习，组内交流一下你们的验证方法和结果。

师：哪位勇敢的同学愿意代表本组汇报一下同学们的验证方法和结果？

师：同学们用了这么多的方法验证了圆柱的两个底面相等的关系，出乎老师的意料，可以看出你们开动脑筋了，而且动手能力也很强。

师：在日常生活中，你还知道哪些物体是圆柱？

师：同学们知道的真多！请同学们把老师送给你们的礼物先收起来，课后一起品尝，好吗？

2. 认识圆柱的高

出示粗细不同、高矮不同的两个圆柱。

师：这两个圆柱有什么不同？想想，圆柱的粗细不同和圆柱的什么有关？（引导学生得出：圆柱的粗细与底面半径的大小有关）

师：圆柱的高矮不同和圆柱的什么有关？（引导学生得出：高矮与两个底面之间的距离（即高）有关）

师：请同学们想一想，高是一条垂直的线段还是一条斜着的线段呢？（让每个同学在圆柱上指出高）

教师明确：圆柱两个底面之间的距离就是圆柱的高。

观察实物，思考：圆柱有多少条高？它们之间有什么关系？

教师明确：圆柱的高有无数条，它们都相等。

高的拓展：在日常生活中，硬币的高叫什么？（厚）圆柱形的钢管横着放，高叫什么？（长）圆柱形水井的高叫什么？（深）

师：同学们真的都很聪明。下面我们就要学习这节课的难点内容，有信心吗？

3. 探究圆柱侧面的特征

每个学生发一个硬纸板做的圆柱模型，先整体观察一下。请学生把圆柱的两个底面先打开。

师：想一想，如果沿着高把圆柱的侧面展开会是什么图形呢？

师：请同学们沿着高把圆柱的侧面打开，是什么图形？什么情况下会是正方形呢？

请同学们找出长方形的长和宽，再把圆柱还原，观察一下长方形的长和圆柱的底面周长有什么关系，长方形的宽和圆柱的高有什么关系。找同学概括一下。

教师明确：圆柱的侧面沿着高剪开，展开后的图形是长方形。长方形的长等于圆柱底面的周长，长方形的宽等于圆柱的高。

二、课堂小结

同学们表现得都非常好，通过这节课的学习，我们初步认识了圆柱。让我们把这节课的收获写到本上好吗？谁愿意把你的收获与同学们分享？

三、课堂练习

师：现在，我们就运用这节课学得的知识，做几道练习题吧！

1. 同学们把书翻到第68页，看第1题。

2. 一张长方形纸，长30厘米，宽20厘米，如果把它围成圆柱状，围成后的圆柱侧面与长方形有什么关系？这个圆柱底面周长和高各是多少？

3. 一张正方形纸边长20厘米，围成一个圆柱。这个圆柱底面周长和高各是多少厘米？

四、我当小小设计师

（1）制作一个圆柱体的汽油桶，需要几块铁皮？

（2）制作一个无盖的铁皮水桶，需要几块铁皮？

（3）制作一个铁皮通风管呢？

五、作业

用橡皮泥捏一个任意大小的圆柱。

“圆柱的认识”教学反思：

在日常生活中，圆柱形的物体很多，我的学生虽然视觉有缺陷，但他们通过生活知识的积累对圆柱也有初步的感性认识。

圆柱是一种比较常见的立体图形，本课教学的重点是圆柱的特征。在教学“圆柱的认识”时；我让学生通过自己动手操作和探索研究，自我发现和掌握圆柱的基本特征，并能结合自己的生活经验，有步骤地展开研究和探索，这样既能调动他们学习数学的积极性，又能使其有效地进行视觉缺陷的补偿。

在导入时，为了让学生感受到数学与生活的联系，我给每位学生准备了一个圆柱体的礼物，如茶叶盒、露露饮料罐、铁桶罐头和口香糖罐等，让同学们通过摸一摸、闻一闻、看一看（个别学生有稍许残余视力）等方法说出自己的礼物是什么，在此基础上，老师直接给出圆柱的概念。接下来让学生们明白，在我们的生活中，只要细心地去观察，圆柱形的物体随处可见。学生对圆柱有了更进一步的感性认识，并通过触摸和观察自己手中的圆柱，在老师的帮助下认识了圆柱各部分的名称。

在教学圆柱的特征时，我给每个同学准备了一个硬纸板做的圆柱体模型，先让他们猜一猜：这个圆柱的侧面沿着高打开是什么图形呢？并让他们亲自动手打开模型来验证自己的猜想。先猜测再进行验证，学生通过动手操作、小组合作学习，认识到了圆柱的底面周长相当于长方形的长，高相当于长方形的宽。这样就把教学重难点化繁为简，化抽象为具体，并把“观察、猜想、操作、发现”的方法贯穿于学习的始终，既加深了学生对圆柱各部分名称和特征的认识，又有效地培养了学生的逻辑思维能力，有效地进行了视觉缺陷补偿，教学效果较好。

第七章　主体性德育是幸福特校的方向

主体性德育就是：重视人的主体性，在德育中树立促进人的全面发展的思想。它是以人的需要为出发点，以人的发展和完善为目的，按照人的特性在德育的组织和实施中引发受教育者内在的教育需求，调动和激发人的自觉性、自主性、能动性和创造性，以促进人的德性发展、培养主体性人格的教育活动。

人的幸福感来自精神的愉悦与提升。脱离人本身的发展需要、与生活相割裂的道德教育是背离幸福人生的。主体性德育可以使每个个体实现其某种需要、愿望，从中体验到满足、快乐和幸福，获得一种精神上的享受。主体性德育着重于激发学生主动参与热情、自觉走向品格完善，引导学生以自身生活为基础，直面道德问题，从中体验生命的意义和自我超越的乐趣，成为有能力过幸福生活的人。

第一节　主体性德育的特征及实施原则

一、主体性德育的特征

学生主体性德育是指在主体性教育思想的指导下，以学生的自主活动为基本特征，以提高学生的主体性道德素质为根本目的的一种道德教育，它相对于非主体性德育而言，具有以下特征。

（一）强化“主体”与“主导意识”

学生是学习的主人，教师起主导作用。教师要做到尊重学生的人格和主体地位，就必须找准自己的位置，当好“导师”和“朋友”，不当“裁判员”，不当“保姆”。这需要建立良好的师生关系，师生之间心理相容。学生的主体地位体现在课堂上，要求我们改变空洞的说教和粗暴的灌输；体现在实践活动中，要求我们做的不是“导演”，而是“剧务”和“观众”。

（二）尊重学生的个体差异

主体性思想的确立，意味着我们要更多地尊重学生的个性，把学生的个性培养当成一项重要内容。要打破千篇一律的培养模式，针对每个学生的特点因材施教，发展学生的个性。要知道，每个学生都是不同的个体，学校不是工厂，个体的发展是多种多样的，就像“世界上没有完全相同的两片树叶”一样。明白了这个道理，就知道了每个学生之间都存在着一定的道德差异，在教育活动中就会尊重个体之间的差异，灵活变通地促进学生的个性发展。

（三）从“制约型”转向“主体型”

老师们总是企图在一个“净化”了的环境中教育学生，理由是学生缺乏“免疫力”，是为了对学生的成长负责。但问题是离开了社会问题和矛盾，学生总是接受那些“永远正确”的观念，明辨是非的能力能很好地发展吗？回避社会矛盾和问题，掩盖社会生活中的假丑恶等阴暗面，就割断了道德教育（特别是通过课堂教学来进行的道德教育）与社会生活的联系。对于社会的阴暗面，教师没有放手让学生去了解、去体验，而是采取回避的态度，这是对学生“主体性”的扼杀，不利于学生道德思维能力和道德判断能力的发展。

长期以来，我们的特殊教育深受传统思想的影响，把特教学生当成单一的对象，强调制约，试图用很多规范、准则来培养“有道德的人”，但结果却总是不尽如人意。用一种固定的教条教育特教学生，过分强调从规范出发，这些都是徒劳的。

二、主体性德育实施原则

（一）自主性原则

道德品质是个人意志的凝结，是一种基于自觉自愿选择的行动过程。独立性、自主性是特殊少年儿童身心发展的一个重要特征。德育和儿童发展特点要求我们：一要从确定内容到设计形式，从活动准备、实施到评价小结，都要让学生亲自去实践；二要全员动员，人人参与。

班会教案：

《做一个诚实勇敢的孩子》（皇姑聋校）

活动目的：通过这次班会让学生了解诚实、勇敢是我们中华民族的优良传统，而同学们作为祖国的未来，更应早早学会做人，为明天立足于社会、立足于世界打下扎实基础。

活动准备：小故事（计算机课件）

活动过程：

主持人甲：我们的祖国是一个有着悠久历史和灿烂文明的大国。

主持人乙：中华民族是一个勤劳、勇敢、智慧、开放的民族。

甲：在五千年的历史长河中，中华文化哺育着中华儿女。

乙：诚实和勇敢是我国五千年文明的优良传统。

甲：诚实，使我们祖国看到自己的不足。

乙：勇敢，使我们的祖国不断腾飞，立于世界民族之林。

合：我们作为祖国的未来，更应早早学会做人，为明天立足于社会、立足于世界打下扎实基础。

甲：三年（1）班“做一个诚实勇敢的孩子”主题班会现在开始。

乙：首先，让我们打开“诚实篇”。

甲：我们在任何情况下都要做一个诚实的人。

乙：虽然，对于我们来说这是一个意志和品质的考验，但这对我们来说是终身受益的。

甲：下面请听故事《猪八戒吃西瓜》。

（老师讲故事，播放课件）

乙：长久流传的故事富有魅力。

甲：今天听了仍让人深思。

乙：的确，诚实是很重要的。

甲：在历史上，诚实的交往准则一直受到高度关注和大力提倡，不少名人、伟人他们都以身作则，为我们做出了好榜样。

乙：下面就请同学们读一读你们搜集到的有关诚实的名人名言。

（学生背诵名人名言）

甲：同学们的格言读得真好，希望我们都能用这些格言来督促自己做个诚实的孩子。

乙：如果在生活中，我们无意中犯了错误，那我们应该怎样做呢？

甲：看完这个小品你就知道了。请看小品《打碎的花盆》。

（学生表演小品）

乙：当我们无意中做了一件不好的事情时，要主动承认错误，这样才是好孩子。

甲：请看“三句半”《做个好孩子》。

（学生表演“三句半”）

乙：传统的诚实文化像一颗璀璨的明珠，光照人间。

甲：诚实是中国人民的光荣传统和崇高美德。

乙：诚实是中华民族宝贵的精神财富。

甲：诚实是少年儿童做人的根本。

乙：说完了诚实，我们再来谈谈勇敢，打开“勇敢篇”。

甲：什么是真正的勇敢？让我们听听古时的传说故事吧！

乙：请听故事《精卫填海》。

（学生讲故事）

甲：听完了故事，我们再来听听名人们是怎样说勇敢的。

乙：下面就请同学们说说你们搜集来的有关勇敢的名人名言。

（学生背诵名人名言）

甲：勇气是一架梯子，其他美德全靠它爬上去。

乙：在我们同学身边发生了许多似乎是勇敢，又好像不是勇敢的事情。有时就连我们自己也搞不清楚。

甲：现在请大家来做个法官，判定一下这种行为是不是勇敢的。

乙：请看小品“电扇坏了”。

（学生表演小品）

甲：同学们说说这种行为是勇敢的吗？

乙：那么同学们认为在我们的学习生活中什么样的行为是勇敢的？

（学生自由发言）

甲：提到勇敢，我想问问你，都说你们女同学胆子小，你觉得呢？

乙：谁说的？下面就请我们三位女同学给大家表演一个节目，看看我们女生是不是很勇敢。请看舞蹈《娃哈哈》。

（学生表演舞蹈）

甲：看来以后再也不能叫你们“胆小鬼”了。

乙：在学校的生活中，我们会出现不勇敢或不诚实的事情。

甲：现在，我们的年龄还小，可是长大后再出现类似的问题就是道德品质问题了。

乙：所以，我们要从现在做起，从哪儿跌倒的就从哪儿爬起来。

甲：人的胆量不是与生俱来的，关键是要有意识地培养和锻炼。不光要分清哪些是应该勇敢的地方，还要注意自己的言行。

乙：即使做错了，只要勇敢地承认，就是一个既勇敢又诚实的小公民。

合：同学们，让我们共同努力吧！

（班主任讲话略）

皇姑聋校 尤君

http：//www.syse.syn.cn/display_new.asp？id=786

（二）践行性原则

作为社会中的人，作为社会中的个体，只有在社会环境和自然环境相互作用的活动中才能培养与发展自身的综合素质。道德认识的提高和道德情感的丰富要转化为内在品质，必须经过多次实践训练，经过多次行为操作的道德践行，在道德实践中不断深化和完善。

班会案例：

盲校《自强不息》主体班会的设计

刘小明

视障学生由于视觉上的缺陷，往往会产生自卑、缺乏自信心、对前途感到渺茫等消极心态，严重影响着他们身心的健康成长。再加上深圳经济条件好，以及家庭的溺爱，他们有自我、自尊，唯独缺了自立、自强；有索取、要求，恰恰少了奉献、回报……他们生活在舒适的环境里、父母的臂弯里悠然度日。然而，生活原本艰辛而多磨难，父母所能给的只是一时的呵护，残疾人只有自强自立，才能超越障碍、战胜挫折，坦然面对生活中的风雨和彩虹。

活动目标：

1. 通过案例介绍，激发视障学生自强不息的热情，主动培养自强精神。

2. 通过集体讨论，帮助视障学生了解积极思维方式的意义和方法，学会坦然面对生活，立志进取，养成自强不息的优秀品质。

课前准备：

1. 制作多媒体课件。

2. 学生上网查找资料，阅读与自强不息有关的资料。

活动过程：

一、名言导入（课件出示陈燕的图片，低视力生看，盲生听老师描述。）

师：有人说："世上每个人都是被上帝咬过一口的苹果，都是有缺陷的。有的人缺陷大，因为上帝特别喜爱他的芬芳。"今天，我想给大家介绍一位特别让上帝偏爱的人，她就是我国的第一位女盲人调音师——陈燕。虽然她的眼睛看不见，但是她会画猫、会滑旱冰、会骑独轮车。在2008年北京残奥会开幕式上，陈燕登上了世界的舞台，向人们展示了她画的猫。你们听过她的故事吗？

设计意图：名言引入，既有利于激发学生兴趣，又传递着积极乐观的生活态度。

二、走近名人，激发自强情感

1. 耳边的世界

榜样的力量是无穷，在优美的音乐声中，请一位学生随音乐朗读陈燕的故事——《耳边的世界》。

陈燕1973年出生于河北，患有先天性白内障……1994年，她以优异的成绩从盲校毕业后进入一家钢琴厂工作；1997年，她取得了中国音乐家协会钢琴调律学会的会员资格认证；1999年，她担任了北京人伟钢琴调律中心的业务经理；2004年，她创办了北京新乐钢琴调律有限公司，并出任总经理。

启发提问：作为一个盲人，陈燕做到了明眼人都无法做到的事情，她是一位真正的生活的强者！从她的故事中，我们学到了什么？

（学生分组讨论，自由发言）

教师引导：陈燕就是凭着这种自强不息的精神，从一个被父母遗弃的视力残疾女孩儿成长为中国的第一位女盲人调音师，赢得了社会的广泛赞誉。《周易》曰："天行健，君子以自强不息。"一个人，只有自强不息，才能做到坚忍不拔，不畏困难和挫折，才能执着地追求自己的人生理想。陈燕能做到的，你们也能做到。

设计意图：陈燕自强不息的故事易于触动学生的心灵，使他们产生强烈的思想震撼；设置问题有助于引导学生感悟自强精神对人生的重要意义。

2. 介绍"半人"演讲家的故事

（1）请同学们讲述自己所知道的自强不息的名人故事。（贝多芬、海伦·凯勒、张悉妮、洪战辉、徐白仑。）

过渡：他们的故事真的很感人，不知鼓舞了多少人。今天，老师再给你们介绍一位——感动了整个世界的没有双腿的演讲家：约翰·库缇斯！

（2）活动：给学生五分钟的时间观看约翰·库缇斯日常生活及演讲的片段。

教师引导：也许，失去光明，对一个人来说，是莫大的痛苦。但是，让我们看看约翰·库缇斯：

他没有双脚，可是他学会了游泳。

他没有双脚，可是他学会了开车。

他没有双脚，可是他学会了打乒乓球。

正如约翰·库缇斯所说："我们觉得自己不幸时，永远有人比我们更不幸！"对于盲人来说，能看一眼这个世界，那该是怎样的幸福？对于聋人来说，能亲口叫一声"妈妈"，那该是怎样的幸福？对于脑瘫孩子来说，能自由地行走在坚实的大地上，那该是怎样的幸福。同学们，不论你是先天失明，还是后天因病致盲，都拥有一段痛苦的记忆。但是今天，我们认识了约翰·库缇斯！面对他，我们还有什么理由抱怨生活？我们还有什么理由说自己无法做到？

设计意图：引导学生从自己所熟知的自强不息的名人故事中体会自强的重要性；通过演绎世界知名成功大师的故事，让学生树立笑对人生、勇于挑战的人生观和价值观。

三、师生互动，树立自强信心

请同学们说说发生在自己身上或是班级里的自强不息的小故事。

学生一：小雨初一时，英语只考了60分；一个学期后，英语竟然考了80分，连他自己都不敢相信。

学生二：参加首届全国盲校讲故事大赛预赛活动伊始，小婧不敢奢望自己能飞到北京参加决赛。经过五个月的精心准备，小婧不仅获得了决赛资格，还获得了二等奖的好成绩。

学生三：阿青入学时，不会游泳。半年后，在广东省残疾人田径、游泳锦标赛中喜获蛙泳100米金牌。

学生四：学校的军训活动，共有十五个班参加，其中有一半的班级是眼睛看得见的听障生。最后，评出五个优秀班级，我们班也获得了“优秀军训班级”的光荣称号。

学生五：上学期，我们班荣获了视障小学组广播操比赛第一名。和眼睛看得见的听障生比赛，我们盲生的广播操居然比聋生还整齐……

讨论：这些发生在我们身边的故事，都告诉我们什么道理呢？

认识：只要积极面对生活，相信自己，永不放弃，自强不息，就能跨越障碍，创造属于自己的奇迹。

设计意图：通过让学生自主选择身边的事例，师生互动，调动起学生参与的积极性，让学生充分体验，在体验中感悟：生活就是奋斗，只有自强不息、勇于尝试才能创造辉煌。

四、升华情感，倾诉自强之声

1.我们是大自然最伟大的奇迹（播放背景音乐《如诗的奏鸣曲》，师生齐诵）

师：约翰·库缇斯的人生格言——“别对自己说不可能”，激励着世界上成千上万的人。他自信自强自立，从而赢得了全世界的尊重、认可和赞誉，他是我们每一个人学习的榜样！同学们，让我们从今天开始，大声对自己说：“一切皆有可能！”因为我们是大自然最伟大的奇迹！

师生齐声诵读《世界上最伟大的推销者》的精彩片段（略）

设计意图：通过深情的诵读，激励学生的斗志，在潜移默化中给学生以力量的源泉。

2. 学生倾诉自强之声（播放背景音乐，渲染气氛）

师：这节主题班会课，我们亲近了许多成功的残疾名人，深切感受到他们

自强不息的人格魅力。上完这节课你有什么收获和感悟？（学生自由畅谈心声）

3. 教师寄语

谢谢同学们的精彩发言，自强不息在每个人心中都有不同的诠释。在老师眼里，你们都在努力地向自己的理想奋进，都是积极向上的好孩子！从现在开始，就让我们用实际行动向世人证明：只要我们愿意，我们盲人也可以成为自然界最伟大的奇迹。

设计意图：引导学生结合自身学习和生活实际，畅所欲言，说出自己内心深处的自强之声。教师寄语既联系了学生实际，又提升了学生的思想，达到了情感升华的目的。

（作者单位：广东省深圳元平特殊教育学校）

（三）激励性原则

德育活动过程的激励性原则对目标的达成具有矫正、强化和激励的作用。教师在评价中要贯彻“面向全体，关心每一个学生”的指导思想，采用集体评价和个体评价相结合、学生自评和师生他评相结合的方式，以强化评价的激励性。

案例：

奖优促差，不断激励

我校的德育教育活动实行量化管理，学生日常的行为表现与对学生的评价、班集体的评价、班主任的评价相挂钩，班级百分赛直接列入班主任学期量化评价体系。这极大地调动了学生和老师的积极性，很多班主任老师都在教室建立了学生形成性评价专栏。如三年（5）班的形成性评价专栏名曰“成长树”，学生在课堂上、路队里、做操中只要受到老师的表扬，就会得到一颗五角星，五颗五角星可以换回一枚果实，由学生自己写上名字挂在教室的成长树上。学期末，看哪个小组、哪个同学的果实多。四年（6）班的形成性评价专栏取名为“我的笑脸”，同学们每积累够五朵红花，就可以在自己空白的脸谱上画上一笔，依次为眼睛、鼻子、耳朵和嘴。学期末，看谁拥有一张可爱完整的笑脸。同时，我们注重发挥榜样的作用，在全校评选“百优生”、学雷锋先进个人、三好学生、雷锋班、先进班集体、雷锋小队以及“十星文明少年”，并在学校红领巾广播中加以宣传介绍。这样，使学生学有榜样，学有方向；同时，激发了同学们的集体荣誉感，调动了同学们的积极性，也使落后者有了压力（变压力为动力，迎头赶上）。

“好孩子是夸出来的。”我们始终把学生的日常行为习惯和小学生综合质量评价紧紧地联系在一起，让每个孩子在习惯养成中都拥有成功的体验，借此来增强他们的自信心。学校提倡为每个孩子的成长提供平等机遇和展示的平台。在评星活动中不断丰富评星内容，设立了朗读星、作业书写星、回答问题星、劳动小能手、运动健将、自理小标兵、遵规小模范等几十种称号，涉及学生成长的各个方面，用以鼓励孩子的良好行为。学期末，获得表扬的同学都能领到一张少先队大队自制的小喜报带回家。本学期，学生获校级星1216人次，班级星7678人次。为了切实体现个体教育，让每一位小学生都有成功的体验，都有幸福的感悟，老师做到了每个孩子至少能领到一张小喜报，从不同的角度、不同的层面对不同的学生给予激励。很多学生因为得到了喜报及老师的鼓励，有了成功的体验，精神面貌为之焕然一新。

另附几点粗浅的体会。培养学生的行为习惯应注意：① 创设重复良好行为的环境，不给重复不良行为以机会；② 提供良好的榜样；③ 在进行有意练习时要明确练习的意义、目的与阶段要求，并且不间断地坚持下去；④ 根除坏习惯，要使学生知道坏习惯的害处，增强克服坏习惯的信心，不要轻易地说“不可救药”等泄气话。运用各种具体方法，如活动替代法、铭记名言警句、利用人为动作延缓坏习惯的出现及合理奖惩等方法来巩固好习惯，抑制坏习惯。

（本案例由密云县第二小学曾进老师撰写）

第二节　实施学生主体性德育的措施

一、弘扬特教学生主体地位，建立新型师生关系

实施学生主体性德育，应遵循特教学生主体、特教教师主导以及发展主线的原则。要以特教学生身心发展、学生主体性道德素质的提高为目的，建立新型的师生关系。在这种新型的师生关系中，特教学生不再是机械接受的被动客体，而已经转变为道德活动的创造者和积极的参与者。特教教师也不再是居高

临下的支配者，而转变为学生的合作者和伙伴。特教教师的职责就在于积极引导特教学生学会选择，学会创造。师生关系真正从以前的主客体关系转变为了对话、理解、欣赏、相互倾听、激励关怀、彼此信任的平等关系。

（一）爱是教育的生命线

教育家吕型伟曾说过：“教育需要爱，也要培养爱。没有爱的教育是死亡了的教育；不能培养爱的教育，是失败的教育。爱是教育的生命线，爱是教育的润滑剂、催化剂，也是粘合剂。”特教教师要尊重特教学生，了解他们；要以平等的态度对待学生，努力建立民主、平等、和谐的师生关系，这样有益于促进学生健康成长。学生只有受到教师的尊重，才能以主人翁的姿态充分发挥自身的主观能动性。

（二）信任创造奇迹

作为教师，最欣慰的是看到学生取得优异的成绩，而最痛心的莫过于看到他们做错事。对于犯错误的孩子，教师总免不了给予其严厉的批评。这些充满稚气、带有生理缺陷的孩子，不仅需要恰如其分的批评，更需要宽容与信任。

（三）宽容与赏识并重

著名教育家苏霍姆林斯基有句名言：“有时宽容引起的道德震动比惩罚更强烈。”作为一种教育策略，宽容往往被教育者所忽视。事实上，宽容学生的缺点与赏识学生的优点是教育过程中互相联系的两个最重要的方面。赏识学生的优点需要宽容学生的缺点，宽容学生的缺点在很大程度上是因为赏识学生的优点。

（四）尊重是灯，照亮前程

尊重学生的人格应树立以人为本的教育思想。学生既是教育活动的对象，也是教育活动的主体，他们具有独立的人格。作为教师，应处处从学生的特点出发，事事为学生的发展着想，研究他们，了解他们，并引导他们逐步实现自我，这才是真正的德育。

以人为本，尊重学生，首先教师要做到客观、公正地看待学生。教师要善于发现每个学生身上的闪光点，并且视其如同珍宝，加以精心呵护与引导。即使是所谓的“差生”，也应该相信他们不是天生就无能，而是一群“才能未被开发之人”。陶行知先生曾经告诫我们：“你的教鞭下有瓦特，你的冷眼里有牛顿，你的讥笑里有爱迪生。”轻易地伤害学生的自尊心，意味着扼杀人才；漫不经心的冷眼和讥笑，无异于夺走溺水者手中的救生圈。只有充分地了解自己的教育对象（诸如他们的性格、习惯、兴趣、爱好、短长、潜能和心理状态、家庭状况以及缺点的成因），做出客观公正的评估，教师才能避免教育上的偏颇，给学生以尊重和关爱。

二、把握学生身心特点，调控学生德育目标

德育目标是学生德育中的首要问题，它直接制约着与学生有关的德育活动。首先，德育的目标不能局限于学生对道德规范的掌握，而是应该让学生在掌握了道德规范的基础上，能够经过自己的独立思维，独立地进行道德判断和道德选择，形成良好的道德品质。其次，德育教育要联系实际，具有整体性，德育整体性目标实现必须是有层次和循序渐进的。我们必须把德育的整体目标与不同层次的学生的认知能力和心理特征紧密结合起来，从而有层次地对德育目标做出科学安排和合理选择。德育内容必须针对学生的身心特点决定难易秩序，不能因为要求过高而让学生在失败中感到自己的渺小而无法看到自己的主体能力，进而影响学生主体的进取性。

（一）构建多层次的特教学校德育目标体系

分层次构建德育目标体系已成为人们的共识，但在层次划分的原则、标准和内容等方面，不同的学者有不同的主张。在建构德育目标时除了要考虑德育自身的层次性，还需要考虑学生身心发展特征来确定各年级的德育目标。

（二）扩大特教学校德育目标制定的参与性、民主性

在特殊教育德育目标体系发展与完善的过程中，除了政府决策部门发挥主导作用外，还必须广泛吸纳德育专家、具体特教德育工作者、学生家长代表和社区代表等的合理化建议。在德育目标的制订体制和程序上应尽可能做到科学化、民主化。要较多地采用专家起草、集体论证、多方听证和充分酝酿等民主决策的方式，并经过多次论证和修订，使最后出台的德育目标越来越具有民主性、广泛性、可能性和科学性。

三、更新德育方法，拓宽德育途径

为达到对学生进行德育教育的目的，必须选择和采用一定的途径和方法。主体性德育十分讲究方法论，要求根据学生的思想状况、身心发展规律和个性特点来选择方法或活动方案，尤其提倡加强学生的道德体验。这是因为，德育实践活动及学生在活动中形成的道德实践能力是对学生进行道德评价的根本标准。德育不仅要解决学生知不知、会不会的问题，而且要解决学生信不信、行不行的问题，即不但要”授之以知、晓之以理”，而且还要“动之以情、导之以行”。德育过程是由知、情、意、行诸环节构成的，只有知识传授而无情感陶冶、意志磨炼和道德践行则不是完整的德育。

（一）更新德育方法

1. 榜样示范法

榜样示范法是教育者以他人的高尚思想、模范行为和卓越成就影响学生，促使其形成优良品德的方法。

这种方法的特点是把抽象的道德规范和高深的政治思想原理具体化、人格化，以生动、具体的典型形象影响学生，使德育教育有很强的吸引力、说服力和感染力。榜样是无声的语言。而这种无声的语言往往比有声的语言更具有力量和影响力。青少年学生的可塑性强，模仿能力也强。有了生动、具体的形象作为榜样，他们便容易具体地领会道德标准和行为规范，容易受到感染，容易随着学、跟着学，这样就有助于他们养成良好的道德品质和行为习惯。

2. 伟人的典范

历史伟人、民族英雄、革命导师、著名科学家等各方面杰出的人物是民族的代表、人类的精英，为千万人所瞩目。他们传奇的人生、炉火纯青的思想、伟大的业绩、崇高的品德和光辉的形象对学生有极大的吸引力，容易使学生激起对他们的敬仰之情，进而以他们为榜样，激励自己积极上进。

3. 教师的示范

教师肩负着培养青少年的重任，其言行、举止、仪态、作风、为人处世和各方面的表现，都对学生起着示范作用，会产生潜移默化的深远影响。而学生又具有向师性的特点，很自然地将自己的老师作为自己效仿的楷模。

4. 学生中的榜样

青少年学生，是正在发展和成长中的人。因此，学生中的榜样不可能很完美，也不可能表现得一直很稳定。但因为他们与全体学生朝夕相处，为大家所亲近与熟悉，容易引起大家的关注和学习。学生中的榜样并不是高不可攀的，他们与一般学生有很多相同点，使人感到更真实、更亲切，因此容易引起学生共鸣，容易使榜样的力量得到更好的发挥，激励学生互相学习、你追我赶、共同提高。

（二）环境陶冶法

环境陶冶法就是利用环境对受教育者进行引导与强化的方法。环境可以分为自然环境和人文环境。自然环境如自然风光、校园面貌、家庭居室环境布置等；人文环境如社会风气、学校风气、人际关系和家庭风气等。环境对人的影响有正反两个方面，好的环境对人有好的影响；而差的环境对意志坚强者可能反而有促进作用，对多数人则有不良影响。尤其人文环境在很多时候起着负作用，我们的传统美德教育乃至整个教育成功与否关键就看我们对不良环境控制与抵御的程度。因此，我们必须对环境陶冶法进行深入研究，时刻重视这一因素对受教育者的影响程度，充分利用环境对受教育者进行传统美德熏陶。

除此之外，学生德育还有知行并重法、角色扮演法和强化矫正法等方法。这些教育方式生动活泼，为学生所喜闻乐见。

四、拓展德育途径，深化各学科德育整合

（一）以品德课为主，深化各学科德育整合。

（1）为了充分发挥思想品德课在德育工作中的主阵地作用，特教学校要配备专职教师，坚持上足课时，不得随便挤占。并且要求教师深入钻研教材，在教学中运用教材中的典型事例，摆事实，讲道理，循循善诱，让特教学生通过分析判断，明辨是非，并因此而约束自己的行为。学校应为思想品德课教学提供大量的资料，包括光盘、录像片等，以保证德育在知、情、意、行循环往复中不断得到强化和提高。

（2）重视各学科中的德育渗透。语文教学中，主要应引导学生养成人文精

神，学习英雄人物的先进事迹，培养民族自豪感和热爱祖国的思想感情；数学教学中，应通过想象、判断、归纳和推理来培养学生崇尚科学、热爱科学的精神；体育教学中，应在引导学生通过各项运动增强体质的同时，培养学生严明的组织性、纪律性，并使其形成坚强的意志品质；艺术学科中，一方面应培养学生美的情操，另一方面还要培养学生的创造精神。各学科都应从本学科的特点出发，有意识地进行德育渗透，使课堂教学真正发挥德育主渠道的作用。

（二）以晨会、班会和少先队活动为主，开展综合实践活动

（1）学校每周一至周五都有十分钟晨会，晨会主要进行行为规范训练。学生们根据实际情况或讲解，或讨论，或反思，或进行强化练习，教师对他们进行行为指导。别小瞧这短短的十分钟的作用，日复一日，年复一年，学生在反复的领会与交流中，道德认识和自身素质都会得到不同程度的提高。

（2）每星期开一次班（队）会。学生在班主任或辅导员的带领下，围绕德育主题组织形式多样的活动，让学生在创作中辨别美与丑，在观察中发现美与丑，在行动中检验美与丑。

（3）通过队会对学生进行自我教育。少先队队会是小学生进行自我教育的重要形式。在老师的指导下，小学生应充分利用队会时间学习自己管理自己，并组织各种有教育意义的活动。

案例：

2010年南通市特殊教育学校培智班会课活动方案设计

感谢爱，传递爱

【活动目标】

1.培养残障学生的感恩意识，让学生对关爱自己的人用实际行动表示感谢。

2.锻炼残障学生为他人服务的能力，让他们懂得用实际行动回报家庭、学校、社会以及大自然对自己的关爱，让爱心从自己手中传递。

【活动对象】

如皋特教学校培智七年级八名学生

【前期准备】

1. 提前一周宣布班会课主题，布置学生进行分工准备。

2. 班主任制作课件，拍摄视频，策划活动程序。

3. 学唱《常回家看看》和《母亲》等歌曲，背诵古诗《游子吟》。

4. 制作爱心卡的材料准备。

【活动过程】

活动一，唤醒感恩之心

主持人：同学们，生活在这个美丽的世界，每天我们都能感受到亲人、老师及社会上的叔叔阿姨所带给我们的关爱。爸爸妈妈养育我们，老师同学关心我们，叔叔阿姨爱护我们。

请许老师为我们播放一段采访视频，看爸爸妈妈是如何无微不至地关心我们的。

1. 播放视频短片《养育之恩》。

班主任：看完了这段视频，大家有什么话要说吗?

2. 学生自由表达，说说自己的爸爸妈妈和爷爷奶奶是如何照顾、关爱自己的。

主持人：爸爸妈妈为我们操碎了心，我们应该怎么做呢？请许老师为我们讲述《乌鸦反哺》的故事。

3. 课件呈现《乌鸦反哺》的图片，班主任讲述故事。

在一片茂密的树林里，住着乌鸦妈妈和她的孩子。每天乌鸦妈妈都要飞到很远的地方去给她的孩子找食物；找到食物，她就叼在嘴里衔回来，然后一口一口地喂小乌鸦。在妈妈的精心哺育下，小乌鸦一天天长大。就在小乌鸦长大的时候，乌鸦妈妈一天天地变老了。

有一天，小乌鸦对妈妈说："妈妈，我们一起捉虫子吧！"乌鸦妈妈说"孩子，我老了，飞不动了，你还是自己去吧。"小乌鸦听了，心里很难过，她想：以前妈妈喂了我多少次，这次我来喂妈妈了，我要去捉虫子给妈妈吃。

于是，小乌鸦跟妈妈说了声"再见"就飞走了。它穿过一片树林，越过几座高山，飞过几条大河。终于到了捉虫子的地方，它把最小的虫子都吃完了，去找最大的喂妈妈。它找呀找呀，总算找到一条又白又胖的虫子，把它叼回了家。小乌鸦把虫子放在妈妈嘴边，气喘吁吁地说："妈妈……您……您快吃吧。"妈妈一边吃着美味可口的虫子，一边抚摸着小乌鸦的头，说："你真是妈妈的好孩子。"

主持人：观看了视频，听了故事，我们心里被一种滚烫的感情堵得满满的，让我们一起来听一首歌，会唱的可以跟着一起唱。

4. 欣赏MTV《母亲》。

活动二，体验关爱之情

班主任：老师在家访的时候，拍摄了一些你们的父母的视频，请听他们讲述在你们小的时候，在你们生病的时候，在你们伤心难过的时候，在你们不经意的时候，爸爸妈妈、爷爷奶奶是怎样默默地为你们遮风挡雨、嘘寒问暖的。

1. 播放视频《真情讲述》。

班主任：听了爸爸妈妈、爷爷奶奶的真情讲述，你们有什么要对他们说的吗？老师用DV机记录下来，放给他们看。

2. 学生讲述，教师摄影。

班主任：俗话说：爱自己的孩子是本能，爱别人的孩子是神圣。我们做老师的，也有自己的孩子，但老师爱你们胜过爱自己的孩子。让我们来看一段短片。

3. 播放视频《真心关爱》。

4. 学生回忆并描述老师关爱自己或同学的情节。

班主任：其实，在我们身边，除了家里的亲人、学校的老师，还有许许多多的人也在默默地关爱着你们。

5. 打开学校网站（www.rgtj.com）“爱心帮扶”专栏，回忆社会爱心人士帮扶活动的场景。

如皋高师的大哥哥大姐姐来校举行手拉手活动，元祖食品厂的阿姨为我们送来精美的蛋糕，服装厂的阿姨给我们送来爱心毛衣和T恤衫……

主持人：此时此刻，我们的心中一定被感动填充得满满的，让我们对这些给予我们关爱的人真诚地说一声：“感谢你们！”

活动三，表达感恩之意

班主任：受人滴水之恩，当以涌泉相报，感恩是我们中华民族的传统美德，是我们每一个人必须具备的基本素质。古时候有一个叫孟郊的人，在他即将远行的时候，母亲为他缝补衣裳……为了报答母亲的恩德，他写下了一首脍炙人口的诗——《游子吟》

1. 欣赏flash动画《游子吟》。

2. 学生跟老师一起朗诵《游子吟》。

主持人：还有一位伟大的诗人，为了报答朋友的盛情款待，写下了一首送别诗《赠汪伦》，表达对朋友的感谢之情。请许老师为我们朗诵这首诗。

3. 辅导员吟诵《赠汪伦》。

4. 师生齐诵《赠汪伦》。

班主任：一位歌唱演员为了报答父母的养育之恩，演唱了一首《常回家看看》，于是漂泊在外的儿女们，纷纷涌向家乡，帮妈妈涮涮筷子洗洗碗、帮爸爸捶捶后背揉揉肩。让我们一起唱响《常回家看看》。

5. 齐唱《常回家看看》。

活动四，传递爱心之行

主持人：同学们，让我们懂得感恩、学会感恩！感谢父母赐予生命，感谢老师给予智慧，感谢在生命中搀扶过、帮助过我们的所有的人！那样，我们的生活将变得更加温暖与美好，我们的世界将充满阳光和花香！

班主任：感恩之行无需惊天动地，无需豪言壮语，它就是对父母辛劳的一声问候，对老师关爱的一声感谢，对陌生朋友的一个友善微笑。

主持人：心动不如行动，让我们一起来畅想、策划如何表达我们的感恩之心吧！

1. 学生分组交流，共同策划感恩行动。

老师列出一些可行性的方案，供学生参考。

（1）为家里人洗一次脚。

（2）帮家里人捶一次背。

（3）对关爱自己的人说一声“我爱你”。

（4）向老师敬一个礼，为老师倒一杯茶。

（5）到老年公寓为爷爷奶奶做一次义工。

（6）对身边的人问一声好，送上一个甜美的微笑。

（7）制作一张爱心贺卡，送给他人，传递爱心。

（8）给帮助过自己的人写一封感谢信。

（9）……

2.学生设计实施方案并进行交流展示。

五，课堂总结

班主任：今天这节班会课，我们感受到了父母的亲情、老师的温情和社会各界的真情，懂得了感谢别人的关爱，学会了传递爱心，让爱在我们这里凝聚，让爱在我们这里生长，让爱在我们这里传递。

主持人：现在我宣布：本次班会到此结束！

谢谢各位老师！

【感悟与反思】

智障学生由于智力和心理的缺陷，对他人的关爱往往表现出心安理得，甚至是麻木地“被关爱”。以往的帮扶活动中，常常有些学生伸手向来宾索要礼物，来宾赠送礼品后，他们要在老师的提醒下，才会机械而茫然地说“谢谢”，就像是完成某个程序或者举行一个仪式一样，内心深处并没有产生油然而生的感激之情。

感恩是人类最美好的情感和品德，感恩一直都是中华文明传承和弘扬的主题。

本次班会活动采用丰富的活动形式，唤醒学生的感恩之心，让他们感觉到自己过去的有些想法和表现是不礼貌的，是对别人爱心付出的不尊重。再让学生家长现身说法，回忆老师和社会各界的叔叔阿姨关心自己的点点滴滴，用身边人、身边事让学生重温关爱之情。然后引导学生设计感恩的行动方案并付诸行动，让他们的心灵经历一次从醒悟到完善再到完美最后实现崇高的过程。整个活动把感恩的思想渗透在每个细节中，让智障孩子从故事中、从亲人的讲述中、从诗歌中、从自己的记忆中感觉到受到别人的帮助和照顾，就要用自己的实际行动对他们表示感谢，并且在自己力所能及的情况下，把这种帮助和照顾传递给那些比自己更困难、更弱小、更需要的人。

（三）营造良好教育氛围，关注学生健康发展

特教学生的道德品质不是生来就有的，需要各方面、全方位的挖掘与培养，需要家庭、学校和社会共同营造良好的教育氛围。学生所在班级更要创造宽松、和谐、向上的氛围。德育的重要性不是靠说教，而是靠学生亲身体验，全身心感受，并以此激起学生对良好道德品质的向往。

（四）建设革命传统教育基地，弘扬英模精神

（1）请老干部、英雄模范人物和残疾人精英来校做报告。

（2）学习英模的品质与精神。

第八章 实践活动搭建幸福桥梁

“学会学习、学会创造、学会生活、学会做人”是实践活动的基础目标，确立此目标，意在将人作为教育的出发点，将人的可持续发展作为教育的归宿，构建出融人文教育、科技教育、创新教育和实践能力培养于一体的新的实践活动体系。

第一节 实践活动对于特殊教育的特殊意义

人类将学习、传承下来的知识、理论和经验应用在实际的生产、生活和工作中的行为都可以称之为实践活动。在学校环境中，实践有广义和狭义之分，广义的实践是指将学习到的知识应用于解决问题的行为，狭义的实践活动指的是社会实践活动。社会实践活动是学生在教师指导下，走出教室，通过各种学生感兴趣的社会体验性学习和问题解决学习等活动，参与社会、服务社会、了解社会的过程。这不仅是培养学生的社会归属感和责任感的过程，而且是学生精神境界、道德意识和能力不断提升的过程以及学生人格完善的过程。在新课程体系中，社会实践活动与研究性学习、劳动与技术教育以及信息技术教育共同构成我国基础教育新课程体系中的综合实践活动课程。实践活动主要是指综合实践课程的开展。在综合实践课程中，学生可以根据自己的兴趣、爱好，通过不同的主题活动，感受到不同于普通课堂的实践操作、探究讨论和调查研究等多方面的课程体验。

一、实践活动是检验特殊教育教学效果的重要标准

相对于普通教育，特殊教育教学的目的性更强，就是要将每一个残疾学生培养成人，培育成才，让他们能独立生活和工作，并且有一技之长，对社会有所贡献。普通教育也具有这样的目的，但是区别在于普通教育的成才工作如果不能在学校中加以完成，还可以交给社会这个大课堂去处理，而特殊教育的教育成才功能更偏重在学校中加以完成和完善。基于这个要求，特殊教育的效果检验就需要更切合实际的评价方法，而不能单纯通过考试这个工具来完成，要让学生更及时、更直接地将学习到的知识应用到实践中去，要通过不同形式的校内外实践活动检验教学效果并不断加以改进和完善。同时，从课程性质上来说，特殊教育的课程设置以技能型课程为主，需要用反复不断的实践操作练习来进行强化。

二、实践是提升特殊教育教学效果的重要手段

实践是检验真理的唯一标准，实践活动是检验教学效果的重要标准和手段，同样，及时、深入的实践活动可以让教师发现差距，发现问题；可以让学生通过切实的操作和体验，认识到自身知识的匮乏或者是技能的不足。无论从教师教学的角度，还是从学生学习的角度来讲，实践在一定层面上可以提升特殊教育的教学效果。

三、实践有助于特教学生的心智发展

特殊教育的教学对象是残疾儿童，学生之间和师生之间的交流沟通存在这样或那样的障碍，学生之间或师生之间的交流沟通相对较少，再加之残疾学生因为身体的残疾往往会缺乏自信，内心悲观失望的情绪占主流，所以要制造机会、搭建平台，增进特殊学生彼此之间的交流，通过良好的沟通交流让乐观、积极、健康、自信成为主流，让每一个特殊学生不但在技能上能自食其力，在心理上也要成为强者。

四、实践是联系特教学校、家庭和社会的纽带

我国著名的教育学家陶行知提出“生活即教育，社会即学校”的教育理念，倡导向生活学习、向大自然学习、向社会学习的教育思想。大自然充满生机，是学生快乐的源泉；家庭充满温馨，是学生幸福的保障；社会是人生的第二所学校，与社会发展同步、与时代接轨是学生生存的根基。特殊教育的特殊性最明显的表现就是相对保守和封闭，学校、家庭和社会之间的信息传递相对较少。要立足开放办教育，努力通过各类社会实践活动，通过不断创新活动形式，努力搭建学校、家庭和社会之间的桥梁。要让更多的人了解学校，让更多的学生走出校门接触社会，接触实践，通过实践检验教学成果。

第二节　建设实践基地，搭建实践教育平台

一、综合实践课程建设

综合实践活动课程在新课程改革中被确立，并作为必修课进入中小学课程。综合实践活动的总目标是“密切学生与生活的联系，推进学生对自然、社会和自我之内在联系的整体认识与体验，发展学生的创新能力、实践能力以及良好的个性品质”。

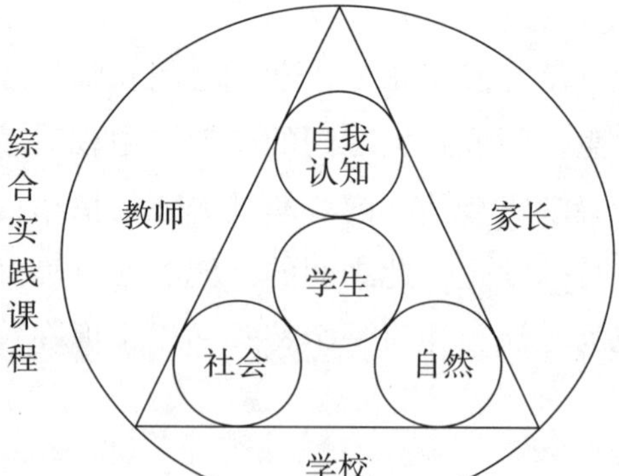

学生是综合实践课程的核心，也是实践的主体，一切远景的、核心的和基础的目标都围绕这个主体而展开，通过教师、家长和学校三方参与，围绕认识社会、认识自然和认识自我，提升学生动手操作能力、创新思考能力、协作能力和研究性学习能力，培养学生的独立精神、团结精神、科学精神、全局观念和质疑精神等。

教师在综合实践课程中可以培养课程创新能力、主题研发能力、教学设计能力、创新教学评价能力以及研究能力、导学能力等一系列在传统课程教学中很难涉及的方方面面能力。可以说综合实践课程是教师专业发展的又一块试验田，也是教师实践幸福教育的又一次宝贵机遇。

对于学校而言，综合实践课程让学校有机会建设特色学校，凸显学校的品牌，有途径通过开发校本课程和整合校内外资源等方式提升学校的办学品位，提升学校的竞争力。

社区化综合实践活动的目标体系

远景目标	让孩子们学会做“21世纪的社会人”			
核心目标	综合知识学习	全面智能开发	自我人格完善	
基础目标	学会学习	学会创造	学会生活	学会做人
具体目标	学会观摩 学会探究 学会合作	学会想象 学会求异 学会动手	学会自我约束 学会自我评价 学会自主交往	学会自我安排 学会自我保护 学会自主服务
主要能力	发现问题能力 分析判断能力 协作互助能力	综合分析能力 独立思考能力 试验实证能力	承担责任能力 合理评价能力 友好待人能力	计划能力 生存能力 生活能力
基本品质	质疑精神 慎独精神 协作精神	全局观念 科学精神 实证精神	集体精神 求实精神 文明精神	发展精神 勇敢精神 独立精神

注：以上内容来自《学校综合实践活动的社区运作方式与策略》

二、校外实践教学基地建设

特殊教育的学生由于种种限制，走上社会后接受再教育的机会比普通人群要少得多，所以学校中的学习机会对他们来说无比珍贵。努力搭建实践的平台或提供练习的机会是特教学校的本职工作，其中建设实践基地或者说联系企业组织学生实习、实践是帮助学生了解社会和企业，接触生产实际的桥梁，也是特殊教育实现人才培养目标的重要条件和保证。实践基地建设直接关系到实践教学的质量，关系到特殊教育学生的实践能力和创新能力的培养。加强实践基地的规划和建设是学校事业发展的需要，是实现办学目标的需要，是大力提升特殊教育事业水平的需要。

类型	企业	学校	特征
协作型	提供生产设备、技术和管理	提供智力支持与服务，宣传企业品牌	实践内容多样、真实感强、技术水平与生产前沿衔接。
合作型	参与专业设置与调整人才培养计划	在员工培训和技术服务、后备人才供给方面为企业提供支持	平等自愿、互惠互利，长期合作，成立股份制学校。
股份制	股份制企业的运作模式	参股成立股份制公司	学校和企业可以生产要素股份、资本股份、智力股份等股份构成形式对实践基地进行投入，并以社会融资、政府投入为补充，按照股份制企业的机制进行运作。
共享式	合理调整专业结构，加强学生的生产实习和社会实践，促进职业教育创新实践基地共享共建。	国家财政支持的公共实训基地和地方政府、高职院校、行业管理机构合作共建	加强辐射、内涵丰富，充分发挥实训基地的人才培养、技术培训、职业技能鉴定和技术研发的功能，依据职业岗位标准并充分运用市场竞争机制进行运作。

注：以上内容来自《特殊教育校外创新实践教学基地建设的探索》

三、社会实践活动实施

通常意义上的社会实践活动是指特殊教育学校的学生走出校门，通过举办义演、义务服务、参观、游览、宣传和义工服务等不同形式的活动，走上街头，走进社区，走入企业，让社会更多地了解特教学生，让更多的特教学生尝试了解并初步接触社会；并通过实际操作，检验特殊教育学生的学习成果，让他们逐步在社会实践中寻找自己的社会定位和体现自己的价值，进而找到自信和快乐，坚定人生目标和方向。

四、走出校门，拥抱大自然

大自然是一部神奇的百科全书，可以让少年儿童在快乐的体验中，学习到各种未知的动植物知识和自然法则；大自然还可以培养学生热爱自然、热爱生命、热爱生活的美好情感；可以改变学生的性格和气质，陶冶学生情操，让学生在山水花草中，体会美丽的自然风景带来的愉悦和审美情趣，感受到自身作为大自然一个组成部分的特殊性和重要性。春有百花秋有月，夏有凉风冬有雪，游览大自然，拥抱大自然，感受大自然，不仅有助于学生放松精神和调节情绪，在一定程度上还可以促进特殊教育学生身体的康复和性格的完善。

五、普特融合实践活动

全纳是指最大限度地使所有特殊儿童在普通教室受教育的努力。它倾向于让学生在普通教室而不是抽出（pull-out）在普通教室之外接受相关的支持与服务（Zionts, 1997）。全纳是一种价值倾向，它以所有的特殊儿童都有权与同龄儿童一起在自然的、正常的环境中生活与学习为前提。它强调给予学生平等参与所有学校活动的机会（ Smith, Polloway, &Dowdy, 2001 ）。

在现实中，我们可能无法在特殊教育中实现全纳教育，甚至部分实现也不可能，特殊教育过程一般都由独立的特殊教育学校来完成。虽然如此，我们还是可以通过一些实践活动，来促成普通学校和特殊教育学校之间的互动交流，来实现特殊教育和普通教育的融合，部分实现全纳教育的一些理念。

普通学校和特殊教育学校可以相互结成友好学校，两者之间定期或不定期举办各种比赛和联欢活动；学生之间也可以结成对子，相互学习和促进，让友好的种子在特殊学生的心里生根发芽，茁壮成长，同样，特殊学生的那种不畏困难、坚强不屈和挑战命运的品质，也可以感染普通学生，可以教会他们学会感恩，学会乐观，学会自信。

第三节　建设实践课程，强化实践教学

一、以实践为导向，改进教学评价

特殊教育的教学评价存在特殊性的一面，例如特殊教育学校不存在“高考指挥棒”，对其进行教学评价可以更灵活、更开放、更人性化。而实际的情况是，特殊教学也不可避免地受到应试教育的影响，重知识灌输、轻能力培养和重技术传承、轻创新教育的现象也在特殊教育学校普遍存在。特殊教育的教学评价应该以实践为导向，主要原因在于特殊教育中对于学以致用的要求更高，只有坚持让特殊儿童在学校中能学习到立足社会的技能这个基本原则，特殊教育才能真正做到与社会接轨，与社会同步。实践为导向并不是技能导向，所谓实践导向是指在日常教学评价过程中，要从单纯的重视结果转向过程，要从群体的发展转向个体发展，要从个别激励转向全员的快乐成长体验，要从封闭式考试转向开放式考察。

二、以就业为导向，改进专业设置

培养自信，教会自立，学会自强，特殊儿童最终的归宿还是社会这个大家庭，因此特殊教育的专业设置以技能型、应用型专业为主，必须以成功就业为导向，必须紧贴市场变化，采取订单定向培养特教人才的方式，将社会、社区和企业最急需、最紧俏的专业人才培养出来。

三、以素质为导向，开展创新教育

创新教育就是以培养人的创新精神和创新能力为基本价值取向的一种教育。实施素质教育要按照社会发展的要求培养人，引导学生德智体各方面和个性健康发展，开展创新教育要培养和提高学生的创新意识、创新思维、创新能力和创新精神。创新教育是素质教育的重要组成部分和具体体现。

四、以课程为导向，改善师资力量

特殊教育教师面临的挑战很大，面对特殊儿童的巨大差异，书本上没有解决师生所遇到问题的现成答案。特殊教育教师必须具备应用所学理论解决实际问题的能力，必须具备行动研究的能力，才能在教育教学中不断创新，才能满足特殊儿童巨大的个体间差异和个体内差异的要求。特殊教育要培养学生在实际工作中发挥创造性，实现其终身发展，从而促进特殊儿童身心的和谐发展。因此，特殊教育要建设基础性课程、拓展性课程与研究型课程并行的生态课程结构，以更好地服务于学生的终身发展，培养其创新能力。

特教学校除了培养或提升本校教师外，还要面向社会全方位多渠道地引进社会上的人才，以此来充实特殊教育学校的师资力量。民间艺人、技术人才、学科专家、社会志愿者、社会仁人志士（包括学生的家长），凡自愿担当特教学校教师角色的，都可以进入特教学校或特教教学现场开展教学。这为学校解决了专业教师缺乏、现场教学教师人手不够等难题。从学校在编的教师到来自社会各界的编外教师，为特殊学生的教学提供了强有力的师资队伍，使得特殊学生的社会学习与生活更有保障，使其融入社会成为现实。

第四节　实践孕育幸福体验

一、组建活动小组，培养兴趣爱好

每个学生都应该有自己的兴趣和发展空间，尤其对于残疾儿童而言，我们更要根据每个学生不同的身体情况和兴趣爱好，通过组建不同形式的兴趣小组，有针对性地教授给他们相关的知识和技能；定期组织竞赛或才艺展示活动，为他们搭建一个寻找志同道合的伙伴、感受不一样的成功体验的舞台。每个学生可以选择加入一个或多个活动小组或团体，在每个小组或团体中都可以学到知识，提升技能，获得友谊，实现价值。学习的满足感、友谊的真实感和价值的获得感是一切幸福体验的来源。

二、组织各项活动，检验学习成果

以活动为育人载体，学校应根据学生个性特征与需求，在活动设计上遵循将教育活动设计成节日活动的理念，将节日文化贯穿于学校日常生活，经营打造节日文化，并实行菜单式发展、项目化运作，构建体育节、艺术节、科技节、读书节、英语节、美术节、音舞节和气象节等十大节日，让学生在节日文化中获得发展，让学生在节日里接受道德熏陶，接受知识传递，接受能力培养，促进学生的自我表现、自我调节、自我完善和自我发展，让学生成长在幸福的舞台上。

积极开展艺体课外活动和竞技比赛。学校组建武术、体操、舞剑、篮球、足球、排球、乒乓球、舞蹈、声乐、器乐、书法和绘画等活动小组，并以点带面，引领学生全员参与；同时利用小组、班级和学校等各级各类比赛活动，引领学生边学边练，以练促赛，以赛促练。通过体育游戏和竞赛，发展学生的综合身体素质；通过艺术项目参赛参评，培养学生审美和创新能力，为学生特长的发挥、为学生展示才艺本领搭建平台。

三、快乐实践活动，体验幸福教育

劳动者是快乐的，实践者是幸福的。活动小组、同趣伙伴、友谊比赛、快乐游戏、成果展示、价值实现、社会认同、自我肯定，围绕劳动和实践展开的这一系列活动的关键词，正是幸福教育中实践活动的真谛所在。对于残疾儿童而言，幸福有两大来源，一个是课程学习中的幸福体验，一个是实践活动中的幸福感受，这两个方面相辅相成，缺一不可。学习是为实践做准备和打基础，实践是学习的延伸或展开，快乐活动，幸福实践。

第九章 科学管理是幸福校园建设的保障

第一节 管理还是服务

一、什么是学校管理

学校管理是学校管理者通过一定的机构和制度采用不定期的手段和措施，带领和引导师生员工，充分利用校内外的资源和条件，整体优化学校教育工作，有效实现学校工作目标的组织活动。一定的机构和制度构成管理的内在机制，不定期的手段、措施和方法是机制外化或发挥作用的途径；教师和学生是学校管理的两大主体，从师生共建和谐校园的角度来讲，教师和学生既是管理行为的实施者也是被管理者。学校管理强调校内外资源的利用，强调立足现有的条件实施管理。学校管理有很多方面，涉及诸多教学和非教学目标的实现，但更重要的是管理强调整体优化，而不仅仅是局部凸显。

（一）学校管理的目的

教师和学生是学校管理的两大主体，管理出发点和落脚点都在这两大主体上，不论制定什么样的制度、塑造什么样的文化、安排什么样的活动，管理的最终目的在于寻找一条让学生和教师都能健康成长的道路，也就是说学校管理的主要目的是实现师生共同成长。

（二）学校管理的原则

现代学校管理的基本原则和核心理念是坚持“人本管理”，强调“人”在组织中的主体地位和主导作用，强调“人”在管理中的积极性、主动性和创造性的充分发挥，强调通过“人”的努力实现教育的和谐发展，并在教育实践中成就“人”的幸福。

二、学校管理的主要内容

（一）教学管理

教学管理是学校管理的基础组成部分，张楚廷教授认为:“所谓学校管理，也就是按照一定的目标，在某种思想的指导或影响下，通过一定的教学组织形式和机构，对教学活动进行安排、加以规范，对教学资源进行合理调配和使用，以保证教学活动健康有序的开展，以保证教学质量的稳步上升和教学目的的实现。”此定义在突出教学管理的目的性的基础上，强调了管理各因素的统整，因而更具明确性。

教学管理是学校管理的核心环节， 随着新课程改革在普通中小学的全面推进， 全国各地特教学校也纷纷投入到了这一教学改革中。教育思想观念的更新、教学与学习方式的转变， 需要相应的教学管理制度为其保驾护航， 在高扬着“ 以人为本” 和“ 民主管理” 大旗的今天， 作为特教学校的教学管理者，要顺利实施课程改革， 必须对学校现行的教学管理制度重新审视， 将视角聚焦于教师和学生的情感、存在与价值， 将思维的触角延伸到尊重、理解、信任等人文精神上， 寻求管理的新突破。

（二） 教师管理

教师管理是学校管理工作的重要组成部分。学校办学目标的实现、教书育人工作的顺利完成都需要通过激发教师高质量的精神劳动来实现。因此，教师管理必须以教师为本，充分重视教师的需求、关注教师的发展，创建和谐的校园文化环境，不断提升教师幸福感，这是现代教育进步发展的需要。

（三）学生管理

学生管理是学校管理工作的核心组成部分，教学管理和教师管理主要落脚点仍旧是学生管理，也可以说教学管理和教师管理都是为学生管理服务的。学生管理分为学校管理和自我管理，学校管理是外在的制度约束和思想引导，自我管理是内在的修炼和控制，内外部结合共同织就学生的美好校园人生。

三、特殊教育学校管理的本质

真正的教育是孕育幸福的教育，我们倡导“幸福教育”，就是要把“幸福”作为学校教育最核心的价值追求，坚持以成就学生、教师及他人的终身幸福为发展目标，在教育教学实践中努力发掘、创造、生成丰富的幸福资源，培养或影响出更多能发现幸福、感受幸福、创造幸福、享受幸福的人，让学校“到处都流淌着奶和蜜”。特殊教育学校管理的核心价值或本质在于面向社会服务于学生的个人成长，面向发展服务于教师的个人需求，面向生活服务于特殊家庭的幸福美满。

教育以人为本，教师以学生为本，对残疾学生要倾注温暖的人文关怀，一切为了残疾学生，为了一切的残疾学生，为了残疾学生的一切。以人为本的另一个体现是，要服务于残疾学生的自立自强，要以培养能独立生活和独立工作并且对社会有贡献、有价值的具备一技之长的合格特教毕业生为目的。最有价值的人文关怀是“授之以渔”，让一个原本依赖社会的残疾学生变成对社会有贡献的社会公民是以人为本的最好诠释。

学校以人为本，校长应以教师为本，尊重知识，尊重教师，关注教师，为教师排忧解难，营造民主和谐的管理氛围，将学校建设成为充满人情味的和睦家园。除此之外，更要将学校建设成教师实现自我价值的平台，为教师的专业成长和个人发展提供机会。要制定措施，鼓励教研；要组织活动，定期评比；要畅通渠道，择优提拔。

四、特殊教育学校管理的思路

以发展为导向，让特教学校成为人才的摇篮。特殊教育学校的教学环境和教学对象的特殊性决定了特殊教育学校在教学目标、教学评价等方面比较宽松，没有普通学校的升学压力，没有普通学校的竞争压力。但即便如此，特殊教育学校管理绝不能放松，要求也绝对不能降低，不论是对教师专业发展的要求，还是对学生自我成才的要求，都要坚持高标准、严要求和常考核。只有特殊教育学校教师的从业素质和专业技能水平足够高，才能培养出足够合格的特殊教育学校学生。

以服务为核心，让特教学校成为温暖的家园。特殊教育管理的本质就是服务，这也是特殊教育管理的特殊性所在。普通学校管理的行政职能更突出，但特殊教育管理的目的乃是为教师和教学服务，为特殊儿童的缺陷补偿提供支持，行政管理者不应当以居高临下的管理者的面目出现，更不能凌驾于教师和特殊儿童之上。

以开放为准则，让特教学校成为交流的舞台。开放管理增强办学活力；开放的环境是孕育创新的良好土壤，能给学校注入无穷的活力。学校只有与周围环境不断地进行物质、能量和信息的交换和传递，才能更好地获得生存与发展。

特殊教育学校的管理者，要加强与上级政府或教育行政部门的联系，特别是加强与普通学校的教学交流、工作沟通和日常联系是很重要的。

特殊教育学校的学生，由于生理上的缺陷，他们不愿意多接触社会，生活的圈子主要在家庭和学校，交往的主要对象也就是家长、老师和同学。因此，要培养特殊孩子的良好素质，学校一定要密切联系家长，让学校教育走进家庭，让家长走进学校。学校可以通过成立家长委员会，设立家长开放日、家长接待日，定期召开家长座谈会，对家长进行问卷调查，建立家长联系卡或教师家访等方式，和家长加强联系，从而帮助家长正确对待自己孩子的缺陷，了解孩子的特长与潜力，树立正确的人才观；另一方面，让家长了解学校的办学目标，了解政府有关弱势群体的教育政策法规，了解家庭和学校各自应承担的教育责任，从而使学校管理的相关政策得到家长的理解和支持，把对特殊孩子的教育训练工作做得更好。

特殊教育是一个特殊的系统，需要全社会的关怀，需要社会各界的支持。特教学校要充分利用相关的节日和各种活动，将自身推向社会；抓住一切可能的机会，让社会了解特殊教育，力争在社会上形成一种扶残助教的风气和氛围。

五、施行“三本”管理，实现管理人性化

以校为本，以校为基础，就是指以学校自身存在的问题为管理的出发点，以改进学校各项工作和提升学校教育教学水平为管理的落脚点。校本管理是一个学校追求自身发展和进步的表现，是结合自身实际，追求更高发展目标的自我完善过程和阶段。以校为本，开发校本课程，实施校本培训，建立校本评价

机制，真正摸索出一套适合各个学校实际情况的发展路径，这符合马克思主义的实践观。

以人为本，以特殊教育学校的教师和学生为中心，开展一系列教学和管理活动。管理的核心是管好人，管理的实质就是提高人的自觉性，调动人的积极性，激发人的创造性，使人的潜能得到充分发挥。时时处处事事以教师能更好地教，学生能更好地学为工作的出发点，充分调动教师工作和学生学习的积极性，努力使管理的指导思想从管事转移到管人上来。

以能为本的管理，实际上就是以人的能力作为管理的对象，以培养人作为管理的价值取向。特殊教育宽松的教学环境，更有利于实施素质教育和评价制度改革。实施以能为本管理，要在建立制度的基础上，对特教教师和残疾学生进行科学的评价，并以此评价为基础，对教师进行聘任，对学生进行表彰和激励，逐步建立适合特教学校需求的以能力为核心的价值体系。

第二节　从管理到经营的路有多长

一、管理与经营的关系

（一）学校发展观

在当今时代，发展已经成为整个中国社会乃至世界的主题。在各行各业日益市场化的时候，学校发展也被频繁提起。在谈到教育、谈到学校的时候，我们一般会想到教学质量、升学率、教师水平等概念，普通人很少能洞察到教育是为了人的发展这个教育的本质。人的发展不仅指学生能力的提升、素质的提高，还涉及教师的专业成长。同时，谈到发展，我们不能忽视学校发展这个概念，学校发展涉及学校规模扩大、学校软硬件建设档次提升、学校特色和品牌的树立、学校管理水平提高以及社会效益提升等诸多方面。梳理学生发展、教师发展和学校发展的关系，我们可以发现，学生发展是学校发展的根本利益和目标所在，也是学校发展的根本衡量依据。教师发展是学校发展的重要条件，但个别教师的发展并不必然带来学校的发展。学校发展是学生发展和教师发展的保障和外在条件。

笔者为什么在论述管理和经营之前要提到学校发展的概念？因为管理和经营最本质的区别是管理讲效率，而经营讲效益。学校传统的做法是管理学校，学校是卖方，无论办得怎样，家长总要把孩子送到学校上学。因而我们面对的规则是“家长向学校买账”，在社会、家庭、学生和学校的圈子里，这种游戏规则造就了学校是中心，是主导，是上帝。所以，学校并不考虑家长对优质教育的需求，更漠视社会和经济发展对教育的需求。而当我们去经营学校时，我们变成了买方，必须考虑的两个因素是：我们为顾客——家长打造什么样的教育品牌，供他们来购买；我们为顾客——孩子们提供什么样的优质服务，让他们成人成才；我们为员工——教师提供什么样的成长机会和发展平台，让他们实现专业发展。单纯立足效率谈管理，会忽视学生发展、教师发展和学校发展三者的平衡，会弱化学校发展中社会效益的获取和学校品牌的塑造，会忽视学校经营带来的长期效益。

（二）管理和经营的关系

学校经营是以积极的理念来营造学校的形象和促进学校的发展，强调学校是一个动态组织，也是一个开放系统，其必须在达成绩效之外，引导前瞻性的发展策略，一方面增进学校效能，另一方面可开创新局面，促进社会成长。管理学校，核心是如何提高个体和群体的工作效率，完成目标任务；而经营学校，核心是如何提高学校的社会和经济效益，谋求生存发展，实现资本增值。因此，经营学校与管理学校相比，更加关注学校在市场中的地位，做到内外兼修；更加强调服务、竞争和创新，谋求主动发展；更加努力去满足教师、学生和家长的需要，不断提升自己的信誉度和美誉度。

为了使学校在市场经济的大环境中更好地生存和发展，在现行的教育体制下，学校行政管理必须融入经营管理的理念，在管理中必须有经营管理的行为。只有这样，学校才能适应市场经济的运作规律，才能更好地生存和发展。

管理和经营的关系不是对立的，只是因为立足点的不同而造成发展方向和发展思路的不同。一定程度上可以说，管理是经营的基础，经营是管理未来的发展路径。经营的观点和思路要想落实好，就必须有管理作为基础，作为保障。科学的管理体系、规范的管理制度、合理的管理行为是一个学校走向长期、持续经营道路的前提。经营是学校管理未来的发展路径，也可以说经营是管理的升级或延伸，即从以学校为中心升级到以人为中心，从以短期效率为重心延伸到以长期效益为重心，从以行政命令为核心延伸到以市场为核心。

二、从管理到经营的几个转变

（一）改变自身定位

特殊教育学校自我定位的关键点到底是特教还是学校？这是个影响特教发展的根本问题。特殊教育学校首先应该是基础教育或高等教育中一个重要的组成部分，然后才是特殊的组织部分。在实际的管理、研究中，往往会强调特殊教育的特殊性，而忽视特殊教育作为基础教育或高等教育重要组成部分的普遍性。强调特教教育的特殊性本身无可厚非，但过分强调就会被限定在一定范围内，陷入特教创新发展桎梏之中。因为相对于普通教育，特殊教育本身存在一定的保守性和封闭性，特殊教育的教学情况往往不被人们熟知，特殊教育的教育成果一般不被人们关注，特教学校发展中或多或少存在孤芳自赏的现象。满足现状，只求稳妥，以及“不求有功，但求无过”的思想，会让特教管理者在对待特教发展的问题上踯躅不前。因此，从管理特教到经营特教，特教管理者第一个需要做出的改变就是改变自身定位。特教有自身一定的教育教学特殊性存在，但是这种特殊性不应定义为特教学校不能怎样，而要理解成特教学校应该怎样。普通教育有的或者正在实施的，特殊教育学校也应该有，而且要更具特色，在全省、全国范围内寻找先进，主动对标，发现不足，进而将特教学校办成重点学校、名牌学校。

（二）转变思考方式

首先，特教学校应该立足自身实际，谋求主动思考。在我国，学校的发展长期以来依赖行政命令，学校某方面的改变和提升往往是自上而下进行的。针对这一现实情况，特教学校要在充分调研和借鉴的基础上，主动出击，主动求变，力争自下而上地掀起特教学校的变革之风。其次，应该放眼全省、全国乃至世界，谋求创新思考。创新思考的关键在于突破传统，不拘泥于经验，不自我设限，在思想上多想哪些可为，少考虑一些不可能、不合规。再次，应该用发展的眼光来思考特教学校未来的发展方向和发展趋势。在对待学校未来发展的问题上，一定要坚持提早规划、多方调研、认真筹划和快速行动的原则，并且发展规划要具备前瞻性、科学性和可持续性；要居安思危，立足现在想未来、谋未来。

（三）提高要求标准

特殊教育学校因为没有升学压力，不受高考指挥棒的影响，所以相对普通学校而言，拥有较为宽松的发展环境。但这种外在环境的宽松，并不应该成为降低管理要求和降低教学标准的理由。恰恰相反，宽松的教学环境可以换来时间上的宽裕、教学科研的自由和学生素质提升的空间，在教学质量、学生培养标准和教师成长等诸多方面，可以制定完善的发展规划和详细的培养计划，并可以用较长的时间去实施。总之，特教学校不能因为自身特殊的身份而降低办学标准。

（四）改变价值取向

我国教育教学的价值取向经历了培养革命接班人、促进德智体全面发展、实施素质教育等不同主题，而贯穿始终的一个普遍的价值衡量标准就是考试分数或者说是升学率。特殊教育学校应该以实现幸福教育为价值取向，要以教师幸福地教促进学生幸福地学。学校积极创造条件，帮助每一位教师不断地超越自我、展示自我，体验成功的快乐，实现人生的价值；教师幸福地在学校教书育人，从而为学生快乐、幸福地学习提供根本的保障。切记不能只求稳定而不求发展，只讲学生进步而不讲教师发展，只讲教学成绩而不讲幸福体验。

（五）扩大管理主体

学校作为教育组织，其目的在于培养健全的国民。为使学校教育功能能够充分发挥，学校应尊重教师专业发展，适度让教师参与学校行政管理，彼此相互合作，则学校经营一定会更有成效。另外，适时适当地邀请特殊学生家长参与也是必不可少的。家长参与学校管理，可以有效地促进学校和学生家庭的沟通，有效形成管理的合力，为幸福特教学校的建设搭建学校、教师和家长沟通的桥梁。为了让社会上更多的人了解特教，走进特教，特教学校也可以让社会热心人士、社区工作人员、实习企业管理人员和媒体工作人员等不同人群参与学校管理，组成更广泛的学校管理团队，让更多的人为特教发展建言献策，也让更多的人了解特教，并以参与管理的方式促进特教学校走向社会。

（六）改变管理视角

传统的教育教学管理的出发点是教育目标，或者说是成绩、升学率。特殊教育学校管理视角的转变主要指将工作重点从关注目标转移到关注人本上来。以人为本，要求管理者在认清工作特殊性的前提下，树立一切以人为中心的理念，把人视为具有能动性的主体，把调动人的积极性、挖掘人的内在动力作为最高宗旨和终极目的。特殊教育学校的管理者在管理中应确立以调动和发挥人的主观能动性、创造性和互补性为出发点，使管理对象在明确学校目标和自身职能的同时，自由发挥各自的聪明才智，创造性地开展工作。

三、以创新管理经营谋学校发展

学校发展的动力在于持续不断的创新，其中管理创新是学校管理的一个永恒的主题，而以创新管理经营谋学校发展是学校快速发展的有效途径。

（一）学校品牌管理

当前，教育市场开始进入一个全新的发展与竞争阶段——品牌时代。打造学校品牌是学校进入市场、优化教育资源配置的必然选择。学校品牌管理一方面指管理既成的学校品牌，保护学校品牌，发扬光大品牌，扩大品牌效应；另一方面指通过有效的管理和经营措施，将学校特色升级为特色学校，将特色学校建成品牌学校。铸造品牌对一所学校来讲，是一个异常痛苦而又漫长的过程，这就意味着学校和社会对教育品牌都需要有更深刻、更理性的关注。学校想要长久赢得学生家长的信任和忠诚，需要走的路还很漫长。

（二）微笑管理

管理是可以微笑的，微笑管理的背后是以人为本的关怀。任何组织都包含是人和物的管理，其中人是一个最大的变数，只有充分挖掘人的潜力，才能达到管理效率的最大化，因而任何时候都不能忽略对人的管理。《中小学学校——从管理到经营》中提到教师有着实现更高层次的愿望和需要，有着为实现更高层级目标而蕴藏的潜力，因此，学校管理应该注重人文关怀，加强情感管理，激发教师的工作积极性和主观能动性。学生有获得尊重、认可和快乐学习的内在需求，要满足这种需求，就要关注学生的身心健康，关注其课堂教学参与性，关注学生的快乐学习，关注学生的幸福体验，要用微笑和亲切的目光给学生传递未来的信息。

（三）开放式管理

正确的教育理念是学校发展的灵魂，是学校各项工作的指针。正确理念的形成需要反思过去，更要关注发展前沿。以往特殊教育学校发展滞后的原因之一就在于闭关自守的办学方式，过分强调教育对象的特殊性，过分重视特殊教育与普通教育的差异，以迷糊的另类眼光来看待特殊教育。诚然，特殊教育对象与普通教育存在差异，但同是教育，其教育思想应是贯通的，教育目的是一脉相承的，教育理念同样可以互相借鉴。特殊教育学校同样可根据教育对象的实际进行观念的迁移。出色的教育工作者之所以成功，首先是因为他们有着比一般教育工作者更为超前的教育观念，他们总能超前地认识到一个时代应该具备什么样的教育观念。为了改变特殊教育学校落后于普通学校发展的状况，我们管理者应该从闭关自守、闭门造车转向开门办学、兼收并蓄。在师资培训和管理上坚持“走出去，请进来”的策略，一方面吸收先进地区、先进学校的先进经验；另一方面更多地将学科专家、专业人士请进学校，让他们担当演讲或授课工作。坚持开放式管理要充分利用社会、社区和企业等各种资源，坚持合作共赢，坚持信息共享，坚持开放管理；还要开拓渠道，让学生有机会接触社会，初步尝试步入社会。

（四）活动管理

人的能力只有在活动中才能得到锻炼和提高。要提高被管理者的自我管理能力，就必须引导其参与具体的实践活动，让其在活动中自觉地根据活动需要来调节自我、发展自我和完善自我，从而主动地实现自我管理。活动管理重在民主平等地引导，更注重人文关怀。传统的管理由管理者实施评价，而在活动管理中，由管理者和被管理者共同参与对活动结果的评价。此外，互动管理还可以改善管理者与被管理者之间的矛盾对立关系，可以激发被管理者参与活动的积极性和创造性。

四、特殊教育学校的经营观

特殊教育学校的经营管理包含三个层次：第一个层次，让教职工把事情做规范；第二个层次，让教职工成为各自职位上的专家；第三个层次，让教职工感受到工作是一种生命历程，感受到生命因工作而快乐。学校管理的境界，同样有三个不同层次：特殊教育学校经营管理的最高境界是让老师在把工作做规范的基础上，一个个都成为专家型、学者型的教师，并进而让全校的这些专家型、学者型教师感受到在学校是快乐的，工作是快乐的，生命的每一天都是快乐的。

第三节　管理本身带来的幸福在哪里

学校管理是一个复杂的系统工程，是学校实现科学、规范和高效运转的根本保证。“人本”既是学校管理的指导思想，也是管理实施的策略与方法；“和谐”既是学校管理的融洽状态，也是管理实施的理想与目标；“幸福”既是学校管理的核心价值，也是管理实施的追求与享受。特殊教育学校要让每一个学生都拥有成长的快乐，让每一位教师都享受职业的幸福，让学校成为一个让人幸福的地方。

一、管理在于创造

管理的最终目的是实现发展——实现学校、教师和学生的共同发展。经营是学校管理未来的发展路径，也可以说经营是管理的升级或延伸。管理的要义在于创造：营造创新文化，创造快乐体验，创造种种可能的发展路径。

（一）管理不仅是规章，还要创造师生无限的可能

一谈到管理，作为被管理者，我们首先想到的是种种规章制度，印象最深刻的往往是哪些事情是不能做的。被管理者出于安全的考虑，经常会选择沿着他人走过的路去复制，而不愿意特立独行或力求创新。但真正的管理绝不仅仅

是规章，管理是有生命的，是为充满活力的人服务的；管理的要义是要激活人的潜能，开拓发展空间，给予一个个鲜活的生命更精彩绽放的机会。教育管理的真谛是要创造师生无限的可能，让每个教师在专业上得以发展，在工作上找到晋升的空间；尊重每个学生的兴趣爱好，让每个学生在学习上能够不断进步，在个人发展上能找到属于自己的专业发展路径。

（二）管理不仅是约束，还要创造师生的快乐体验

管理可以起到规范作用，起到标准示范作用，但规范的主要目的是建立标准，而不是设置约束的藩篱。恰恰相反，管理最应该给予被管理者的是符合标准的、合乎科学的“自由”——自由发展、自由进步、自由创新，只有这样才能让教师和学生体验成长的快乐，体会自由发展的快乐，体味自由创作的快乐。

（三）管理不应是守旧，而要塑造敢于创新的文化

管理会不自觉陷入经验主义的怪圈，会让以前是怎样或“以前没有这样的先例”之类的话语占据主流。经验是要借鉴的，但并不是无条件的复制。管理要有条件地扬弃，无条件地寻求突破；要敢于塑造创新的文化气氛，只有创新才能让管理实现发展的目的；因循守旧不仅不会发展，甚至会引发倒退。

二、管理从刚到柔

20世纪的管理研究主要从制度、技术和行为的视角进行，人们称之为刚性管理。刚性管理本质上是一种“以规章制度为中心”的依靠成文的规章制度和组织职权，凭借制度制约、纪律监督、奖惩规则等手段进行的以外界约束力为主的管理。柔性管理是相对于刚性管理而言的，它是指在研究人们心理和行为规律的基础上采用非强制方法，在人们心目中产生一种潜在的说服力，从而把组织意志变为人们自觉行为的一种“以人为中心”的管理。柔性管理认为人既是管理的主体，又是管理的客体；既是管理的出发点，又是管理的落脚点。它强调依据人们自身心理和行为特征进行管理，具有内在的驱动性、影响的持久性和激励的有效性等特性。

（一）管理就是关怀

管理要做到从刚到柔的转变，首先要将人文关怀融入管理。对被管理者要做到生活上关心，心理上关注，情感上关爱，这是管理关怀的三个主要方面。另外，关怀要自上而下，从校长到普通教师，从班干部到普通学生，要层层关爱，处处关心。管理者要善于洞察被管理者身边发生的事情，要精于剖析被管理者心理以及情感变化的原因，本着解决问题的态度，去了解，去沟通，去鼓励，去支持，去改善。

（二）管理就是服务

如果说关怀是管理从刚到柔转变过程中管理者必须作出的心理转变的话，那服务就是管理者必须落实的行动上的改变。服务要以关怀为出发点和落脚点，并从关怀的视角发现问题，或预先洞察可能会发生的问题，以到位的措施和可行的计划，来谋求被管理者工作环境、生活事务以及个人成长等方面需求的满足。教师、学生和家长是服务管理的主要对象，其教授过程、学习过程和成长过程是服务管理的主要着力点。

（三）管理就是规划

管理的目的是实现被管理者的个人成长以及团队或单位的进步与发展，为此，管理要把落脚点放在规划上——规划学生发展、规划教师发展、规划家长发展、规划教学发展、规划学校发展，这五个方面是管理规划的主要对象。而这五个方面本身不是独立的，而是相互影响甚至是相互包容的，也就是说我们规划教学的发展，就必须以学生发展和教师发展为前提，只有学生和教师发展的方向和思路明确后，教学发展规划才能有所依托。

三、管理书写幸福

真正的教育是孕育幸福的教育，我们倡导“幸福教育”，就是要把“幸福”作为学校教育最核心的价值追求，坚持以成就学生、教师及他人的终身幸福为发展目标，在教育教学实践中努力发掘、创造和生成丰富的幸福资源，培养或影响出更多能发现幸福、感受幸福、创造幸福、享受幸福的人，让学校“到处都流淌着奶和蜜”。

（一）管理给予管理者主人翁的幸福感

特殊教育学校虽然有管理者和教师之分，但其只是分工上的差别而没有地位上的差别。特殊教育学校教育特殊儿童的特点以及教师创造性劳动的属性，决定了特殊教育学校内部应该是平行的组织结构。无论行政权力还是学术权力，都是服务于特殊儿童这个群体的，这是特殊教育学校工作的出发点。特殊教育学校的管理应有一定的开放性，增加透明度，适当地分配权力，而不应管理者大权独揽，权利高度集中。管理者应该充分信任教师，让权力在教研室和教师之间有效配置，并吸收教师参与学校的管理，使教师真正变成学校的主人，发挥自己的光和热，为建设特殊教育学校自觉奉献。

（二）管理给予被管理者受尊重的幸福感

每个参与管理的人员，无论是管理者还是被管理者，都应该获得主人翁般的尊崇感。这种主人翁尊崇感的关键，就是被管理者有受到尊重的感觉。尊重就是要吸纳更多的人参与管理决策过程，为所有人的成功助力，为团队成员的幸福谋福利。不论职务大小，不论能力强弱，不论资格深浅，都能获得发出自己声音的权利与自由，都能找到自己在学校管理中恰当而舒适的位置，这就是管理给予被管理者受尊重的幸福感的具体体现。

（三）管理给予社会、家庭被辐射的幸福感

我们要有办大教育的情怀，尽力放大优质教育资源，将学校内部师生发现幸福、体验幸福、创造幸福、享受幸福的“能力源”扩展到社会，辐射到家庭，以此促进家庭幸福、社会幸福、国家幸福。

第十章　建设美丽校园，享受幸福生活

现代心理学观点认为，在人的性格的形成过程中，环境因素影响很大。学生主要的活动范围在学校，那么学校的环境质量跟学生将息息相关并产生持久的影响。特殊教育学校由于其教学对象的特殊性，学生不仅生理上有缺陷，而且心理大多自卑、敏感、封闭、多疑和没有安全感，同时学生在校时间长，所以对校园提出了更高的要求。让学校成为孩子们天天向往的地方、喜欢的地方、看到就欢呼雀跃的地方，这才是理想中的好学校，这才是我们努力研究的目标。下面从校园环境建设、校园文化建设和学校安全建设三个方面进行阐述。

第一节　校园环境建设

美国教育学家布莱森说过：“任何一所学校，其环境都在默默的对孩子们‘发表演说’，而且孩子们的确会注意它，不知不觉中接受熏陶和影响。”由此可见，校园环境对于校园内的成员起着潜移默化的作用，一个布局合理、整洁舒适、环境优美、生机盎然、健康和谐的校园环境必然对学生的健康成长有着巨大的影响。

校园环境建设的基本原则

环境心理学认为，人的行为是具有应激性的，人与环境始终处于积极的相互作用的过程中。人的行为和经验不断对环境产生影响；反过来，空间环境也会限制、激发各种行为的发生。当环境提供最佳的刺激水平时，可以最大限度地吸引我们，并带来愉悦感。如何让校园环境提供最佳的刺激水平，让学生在学校幸福生活？特殊学校校园环境建设应该遵循什么原则？

普通学校在校园环境建设过程中一般要求校园环境优美、布局合理、设计科学、内部设施完善并具有教育性等。而特教学校的学生由于其不同的缺陷，限制了他们的活动范围和信息交流，尤其是寄宿制的特教学校，学生在校时间长，如何为学生提供有利于促进其身心健康发展的环境就显得尤为重要。特殊教育学校在校园环境设计过程中除了要遵循一般学校的设计原则外，还应该注重以下几个方面。

（一）安全无障碍原则

安全性是特教学校校园环境设计的第一要义。特殊儿童在感知觉、行动、沟通和协调能力等方面存在障碍，对周围事物的反应慢，比普通儿童更加脆弱，且更不懂得保护自己，因此在环境设计过程中应充分考虑学生在校的安全。一般要求留有通畅便捷的交通路线，行动路线应标记明显，各空间要素要便于识别；室内装修要安全，切记地面过于光滑及有高差，墙壁和物品避免尖锐的棱角……为保障特殊儿童在校的人身安全，我们建议对学校环境及各类建筑物和设施采取无障碍设计。

无障碍设计是20世纪初于建筑业最先产生的一种新的建筑设计模式。它强调一切有关衣食住行的公共空间环境及各类建筑设计中，都必须充分考虑不同程度的生理伤残缺陷者及正常活动能力衰退者的使用需求，配备满足其特殊需求的服务功能和装置，从而营造充满关爱、切实保障人类安全并且舒适方便的生活环境。特教学校除了满足国家规范的一般无障碍设计要求外，还应注意以下细节。

针对视障儿童的无障碍设计。室内外的盲道应该连续贯通，颜色应与背景颜色有明显区分。楼梯两侧安装扶手，每一层楼梯扶手上均镶嵌标示楼层的的金属球，楼梯起始点和终点铺设与水泥地板触感不同的塑料脚垫。校内独立柱采用圆柱，且与墙壁间夹角最好做钝角处理，避免因碰撞产生伤害。各种活动区域、跑道的边界应该有明显的标志，如采用不同触感的铺地材料来加以区别或设置提示凸点。各教室、办公室和功能室的门上粘贴盲点文字。

对听障儿童的无障碍设计。地面材质方面应尽量避免使用混凝土等坚硬的材料，可以选择塑料等软性材质，避免因光照反射影响聋哑学生的视觉判断。在公共空间中设置视觉上的疏散指示，如指示灯和显示屏等。

对智障儿童的无障碍设计。智障儿童存在不同程度的身体平衡和行动障碍问题，为此，在楼梯及走廊两侧的墙面应安装双层的靠墙扶手。从安全角度考虑，房间内的独立柱最好采用圆柱。适当加高阳台、外廊的栏杆高度，但要注意如果是栏板设计最好能有一定的通透性，以增加观察外部环境的条件。

无障碍设计体现在每一个建筑细节上，为学生提供了一种安全和充满关爱的环境；通过营造安全、和谐的校内物质环境，促进特殊儿童健全人格的形成。

（二）补偿性原则

补偿教育原则认为，特殊教育过程中，要针对待殊儿童不同的身心特点，使其尽量用健全器官代替受损器官的组织功能，充分地发挥他们内在的潜能，增加特殊儿童的适应能力。人作为一个完整的有机体，各个器官和组织功能是相互联系的，当机体的某一部分发生损伤时，健全器官将在一定程度上代偿受损器官的部分功能。因此在校园环境设计中，要充分考虑环境的弥补性，在环境心理学及行为心理学的基础上，通过丰富的环境感知设计，吸引特殊儿童的注意力，同时提高其健康器官获取外界信息的能力，来弥补受损器官带来的缺陷。

环境补偿的类型可以分为视觉补偿、听觉补偿、触觉补偿和嗅觉补偿，当特殊儿童某个器官受损，便可以通过其他几种补偿方式弥补受损器官带来的缺陷。

视觉补偿。据统计，人的视觉能获取80%的信息量。视觉的体验可以分为三个阶段：认知、体验和感知。对于认知阶段，校园环境的设计应考虑到局部造型和整体风格的统一。以空间布局、位置、造型、尺度和色彩等形式体现从整体到局部的层次感。对于体验阶段，在校园环境建设中要注意空间的连贯性和整体性，把握空间的严密性，并注意不同功能区的过度，从而形成流畅的空间形态感。感知则是在以上两个阶段基础上深入的过程。

听觉补偿。人类获取的信息约15%来自于声音，当其他器官尤其是视觉存在缺陷时，特殊儿童主要依靠听觉获取信息，可以通过改变声音的音色、音调和音量来帮助特殊儿童辨别事物。例如学校可以通过增加提示音、警示声等对学生进行引导提示。同时，学校可以通过校园音响经常播放一些节奏鲜明、优美悦耳的歌曲，以引起特殊儿童情感上的共鸣，使其产生思维上的积极活动。

触觉补偿。人们通过手和其他器官直接接触外部事物而获取信息并感受其舒适度。在特教学校的校园环境设计中，应创造更多的触觉环境，来弥补特殊儿童对环境信息认识的不足。例如校园不同位置的地板和设施可以选择不同的材质，不同的材质组合可以暗示不同功能的场地，对学生有引导提示的作用。

嗅觉补偿。气味在环境中的作用非常微妙，嗅觉可以加深对环境的体验。研究表明，嗅觉给人的印象记忆时间最为长久。可以通过在校园内种植芳香的植物来增加特殊儿童的嗅觉体验。很多植物散发的香味还具有较强的药物疗效。如茉莉花香味可以起到缓解郁闷及理气的作用。同时，植物的香味能够刺激大脑控制情绪，令人愉悦，缓解或消除精神抑郁。因此在校园中多种植桂花、腊梅、白玉兰等植物对学生的身心健康有良好的疗养作用。

弥补性环境设计有助于弥补特殊学生对环境的感知及环境适应的不足，提高他们对环境的认知能力，减少在学习和生活中的挫败感，加强归属感，增强他们对于环境的舒适感并使其建立一定的自信心。

（三）满足交往需求原则

特殊儿童自身的缺陷，限制了他们的活动范围和信息交流，他们容易产生自卑感、孤独感和恐惧感，因此他们在学校中的交往就显得尤为重要。特殊儿童通过交往能够逐渐认识自己并形成个性，不断调试和学习社会适应能力，加快师生间、同学间熟悉进程，增进感情，对共同拥有的环境形成领域感和归属感。

特殊教育学校校园建设应该为学生提供一个满足其交往需求的空间环境，这种空间环境有助于人们之间的沟通和交往，促进人们之间相互吸引，引发各种交往行为的发生。

对于视障儿童，要创设其熟悉的物质环境，提供便于他们感知、触摸和介入的环境。应营造熟悉、宽松、亲切的活动氛围，给予特殊儿童适度的环境刺激，为其交往活动的开展创造有利条件。譬如为盲生创设表面凹凸便于触摸的感知环境，为低视生营造色彩鲜艳、刺激视神经的认知环境。对于听障儿童，他们的好奇心很强，观察敏锐，需要为其提供丰富多样的空间环境。听障生由于听觉的缺陷，对靠声音提示的危险警告不能作出反应，因此其交往空间设置必须有一定通透性，使他们可以观察到周围的情况，并且要有明显的视觉提示装置。智障儿童，他们各种感官反应比较迟缓，思维相对简单，环境感知能力弱，因此，为智障儿童设计的空间既要有足够的环境的刺激，又不能太过复杂。

特殊教育学校可以根据交往群体数量的不同设计一些有特色的交往空间。如果是为了满足一个或几个学生交往的需要，既可以选择教学楼前后的草坪、小亭子、喷泉等自然景观，也可以选择走廊的尽端或大空间内的某个小区域，进行多样化的设置，以吸引学生使用。如果是为了满足小群体的交往需求，可以利用建筑顶层做屋顶花园、露天小剧场，或利用建筑底层架空层充当公共交流空间。这种多样化和不拘一格的校园交往空间的设计，为特殊儿童之间相互交流沟通提供了有力的物质保证。

（四）康复疗养原则

康复疗养原则是指运用校园环境建设达到防治疾病、增强体质及促进健康的目的。这并不是说可以通过校园环境来治愈疾病，而是指通过一种优化的环境设计，辅助患者治疗并改善自己的精神面貌。特教学校作为特殊儿童生活学习的重要场所，在对校园环境进行设计时应考虑其康复疗养功能。

合理的空间布局、适宜的绿化植物选择及配置、辅助锻炼的功能性景观设施等，可以提供给特殊儿童心理上及身体上的安全感，并提高空间的使用率。例如无论是视障、听障还是视障儿童，都需要一个相对安静的校园环境，学校可以通过设置绿色屏障阻隔并降低噪音的方式帮助特殊儿童的康复。校园内可以设置学生活动庭院设施，如水疗池、可触摸的沙池、泥池和水池景观等，以多感官的刺激帮助特殊儿童进行学习和认知。同时，遵循对残疾儿童应早介入的康复训练原则，让学生较早并且较多地接触优越的康复疗养环境，从而辅助对特殊儿童的治疗。

优美、整洁、科学、人性化的校园物质环境是特殊儿童在学校快乐幸福生活、学习的基础，也是特殊儿童恢复身体、健康成长的有力保障。我们在校园环境建设中，要坚持以人为本和满足个体差异的原则，营造安全、和谐、充满关爱的校内自然物质环境，让特殊儿童快乐成长，幸福生活。

第二节　校园文化建设

校园文化是指学校主题在整个学校活动中所形成的具有独特凝聚力的学校面貌、制度规范和学校精神气氛，其核心是学校在长期办学中形成的共同价值观念、共同思想观念和行为方式，它常常对学校的教育产生重大影响。校园文化对师生的影响是潜移默化的，它不带有专制色彩但又非常有力，因为它能够使人寻找到归属感和认同感，而归宿感和认同感源自于人的最基本的安全需要。

一、校园物质文化——幸福的基础

校园物质文化实际上就是学校文化的物化形态，是校园文化的“硬件”。前面所讲的校园环境更多地强调校内设施的人性化和实用性，而这里则更强调校园环境的艺术性、宣传性和人文性，充分发挥校园环境的激励作用和育人功能。物质文化建设是校园文化建设的重要组成部分，是推进学校文化建设的前提。我们要从细节入手，优化育人环境，让学校的每一块墙壁都会“说话”，让校园的每一寸土地都传递文化，让校内的每一个角落都充满幸福的味道。

首先，要将环境的绿化、美化以及净化相结合。在校园里种植各类树木、奇花异草，设置一些精美的艺术雕塑来体现校园文化的人文气息，给师生一种全方位的享受，同时教育学生要爱护校园，净化校园，珍惜爱护学校里的一草一木。通过审美教育，让师生更加珍惜和爱护自己用辛勤汗水换来的校园的美丽和整洁。

其次，要注重校园物质文化建设的实用性和艺术性，充分发挥环境的育人功能。校园里的花园、苗圃和雕塑应当注重它们的审美性和艺术性；要让学生养成一种热爱环境、珍惜生命、自强不息的精神。学校还应该开辟一些用来丰富和展示艺术教育成果的橱窗等设施，丰富学生的知识，展示学生的成绩，让人们更多地了解特教学生，并且让特教学生有一种成就感与满足感，缩小与常人的差距。

再次，要突出校园物质文化的人文性。为了让学生在潜移默化中受到学校文化的熏陶，学校可以在每层楼悬挂名人警句，这有助于学生在产生困惑时及时进行思考和反思，纠正自己的不良行为。学校围墙的板报、墙报，图文并茂地展示着校园生活情境，让学生从中找到自己生活的缩影。校园走廊上，每隔几步就有一幅学生的绘画作品，没过几米就可见到一块挂满学生成长足迹的宣传栏。和谐自然的育人环境可以在不知不觉中影响和教育着我们的学生。

让校园成为“一幅立体的多彩的画，一本有吸引力的教科书”。这样的环境为特殊儿童带来了良好的内部条件，为特殊儿童在校园内幸福生活奠定了坚实的物质基础。

二、校园制度文化——幸福的保障

校园制度文化作为校园文化的内在机制，包括学校的传统、办学理念和规章制度，是维系学校正常秩序必不可少的保障机制，是校园文化建设的保障系统。“没有规矩，不成方圆”，只有建立起完整的规章制度，规范了师生的行为，才有可能建立起良好的校风，才能保证校园各方面工作和活动的正常开展和落实。

制度文化建设实际上包括制度建设、组织建设和队伍建设三个方面。校园制度的健全、校园文化组织机构的完善及校园文化队伍的素养，对校园文化活动能否顺利开展具有决定性的作用。

制定规章制度应将“软文化”和“硬制度”熔于一炉，铸造出刚柔并济、软硬合宜的规章制度，既能起到强制作用，又能发挥激励规范作用，让师生在执行制度、遵守纪律的同时，葆有自尊，实现自我价值。如每年一度的优秀教师表彰大会和优秀学生颁奖仪式，都尽可能创造出浓厚的文化气氛，动情动心，催人奋进。

另外，校园制度建设要体现群众性，坚持群众参与，学校与师生互动，充分发扬民主。例如，规章制度可让师生参与制定、修改、讨论和定稿。一个制度的形成集中了每个参与者的思想认识和自我提高的过程，经历了是非分辨的过程，从这个意义上来说，制度制定的过程和执行的过程也是一个文化建设的过程，对强化制度的育人功能和提高师生执行规章的自觉性有着重要的意义。

制度建设群众性的另一方面是制度实施的群众性，作为学生日常学习、生活应当遵守的管理制度应充分发挥学生自我管理的作用。由于师生亲身参与了制度的制定，熟悉并认同规章制度的各项内容，因此制度的实施较为顺利。

无论是普通学校还是特教学校，规章制度的建立和执行应该本着以人文本、为教育服务的原则，而不是以管理人、约束人为目的。我们的学校应该建设人本、民主和科学规范相一致的制度文化，目的是让所有成员学习、工作和生活在一个规范有序又富有人文气息的环境中。应建立以发展人的主体性，提升人的生命价值为目标，富有人文情怀、创新活力和团队精神的制度文化体系。在这个环境中，领导与教师之间、师生之间以及学生之间相互尊重、相互理解、关系融洽。良好的学校制度文化为学校中的每一个人充分发挥自己的潜能，实现个体价值，提供了必要的空间，为人们在学校中快乐学习、幸福生活提供了有力的保障。

三、校园精神文化——幸福的源泉

校园精神文化建设是校园文化建设的核心内容，也是校园文化的最高层次。校园精神文化主要包括校园历史传统和被全体师生员工认同的共同文化观念、价值观念、生活观念等意识形态内容，是一个学校的本质、个性和精神面貌的集中反映。校园精神文化又被称为“学校精神”，并具体体现在校风、教风、学风、班风和学校人际关系上。

笔者在对学校进行考察的过程中，曾经被一所特殊教育学校的精神文化氛围深深打动，学校“心存感激、快乐工作”的校风体现了教师对特殊孩子的关爱以及敬业精神和育人水平。“不抛弃、不放弃”的教风饱含教师对每一个特殊儿童的关注和期待。“学会生存、适应社会”则传达了学生坚定的信念，是学生学习发展观的体现。“学会主动参与，我来做；学会自信负责，我能行；学会敬业吃苦，我不怕；学会合作相处，我来帮。”此箴言展现了学校积极向上、健康和谐的良好精神风貌。

校园精神文化是学校全体人员在一系列实践过程中共同创造、积淀并提炼形成的一种环境、一种氛围和一种精神。校园精神文化本身是一种无形的力量，但校园文化的展现则要以有形的活动为载体。丰富多彩、为学生所喜闻乐见的校园集体活动，是校园文化动态表现的重要形式。它不直接向学生提出要求，没有具体要求每个人应具备的能力水平，没有硬性指标，而是在耳濡目染中，让学生从中得到有益的启迪。调动多方面因素，设计多种形式，不同层次学生都能自主参与的文化活动，可以丰富校园文化生活，让学生在快乐中成长，在活动中感受幸福，以积极的心态面对人生。

1. 活动是学生发展的多维营养。

学校根据学生个性特征与需求，举办艺术节、读书节、科技节等各种类型的活动，促进学生的自我表现、自我调节、自我完善和自我发展，从而认识自己的价值、了解和展示自己的个性潜能，让自己成长在幸福的舞台上。

2. 社团是生动化的团队、缩影化的校园、活泼化的课堂。

组建教师引导下的学生社团、俱乐部、兴趣组，可满足学生交际、结伴、归属的需要，有所侧重地培养他们的能力，开拓他们的知识面，同时，使学校成为学生生命成长的智慧超市、技能超市， 从而让学生度过快乐幸福的童年。

3. 以自主、活跃、新颖为特征的文化娱乐性活动，如诗歌朗诵会、联欢会和篝火晚会等，则能起到调节学生的生活方式和健全学生的心理平衡机制的作用。在多姿多彩的校园文化活动的熏陶下，学生的创造力、组织管理能力、社交能力和自主能力都会得到不同程度的提高与发展，让学生在自由快乐的环境中收获幸福。

4. 开展以幸福为主题的一系列课外活动，如主题讲座或辩论赛等，将校园活动与幸福教育相结合。

对学生进行生命教育、幸福启蒙教育，通过活动的开展，让学生从内心深处了解生活的美好、生命的珍贵以及幸福的内涵。在培养良好的生活和学习习惯的过程中，感恩给学生带来幸福生活的人与事，同时培养学生自己感知幸福的能力。

5. 特教学校在校园活动的设计方面还应注意以下两点。

（1）校园活动的开展应与家庭、社区和社会等方面相结合。特殊儿童由于其自身缺陷，心理较为自卑、孤独，校外实践活动则是学生接触社会、认识社会的媒介和桥梁，可提高特殊学生与人交往的能力，为其今后适应社会做准备。

（2）校园活动开展应结合特殊儿童自身的缺陷，其内容选择应适合特殊儿童长远发展，满足其自身独立生存的需要，如手工、绘画、烹饪、推拿、舞蹈和服装设计等。特殊学生将来进入社会后，在社会上独立生存需要一技之长，将校园活动的内容与特殊学生需要掌握的技能相结合，有助于特殊学生将来在社会上独立生存。

笔者曾有幸参观过白元二中，深深地被其良好的文化氛围所感动。白元二中的校领导深刻认识到“间接地改变一所学校的文化氛围常常会比直接地改变一个人要轻松容易得多”。他们针对师生的学校生活提出了八字方针：尊重、理解、引导、提高。尊重就是培养师生对生命的敬畏感。生命的价值并不在于创造出了多少财富，获得了多少荣誉，而在于它在多大程度上实现了自由创造以及由此而获得的做人的尊严。因此要给师生最基本的尊严，让他们在工作和学习中实现自我价值。理解是互助协作的开始，是消除对抗的良药。人与人相处，就会存在利益关系，存在矛盾也就在所难免，对此，要多一份宽容与尊重，积极化解矛盾或者让矛盾向积极的方向转化，成为集体发展的动力。集体是个人健康成长的土壤和坚强后盾，对被管理者（主要是学生）进行引导和疏通则成了学校集体领导者和班主任的必然选择。尊重、理解、引导三者可以使集体内部矛盾变得温和、低调，但并没有把问题解决掉，这就需要提高——通过师生个人素质水平的提高带动学校集体水平的提高。“尊重、理解、引导、提高”八字方针实施的目的，在于使师生们能够有尊严地度过学校生活，而不是被管理、被约束、被压抑地生活着。人只有在被当做人看待的时候，幸福才会来临。

综上所述，物质文化、制度文化和精神文化构成了一所学校的校园文化，融合后的校园文化所形成的感染力是其他教育手段无法企及的，校园文化环境是学生成长与发展的教育磁场，是培养学生积极的生活态度，使他们感悟美好生活的捷径。

幸福是在人实现其社会价值之后获得人生意义的良好的自我感觉。而对于特殊儿童来说，他们的幸福则来自于通过各种形式寻找和实现个人价值，体味生活的乐趣和感悟人生的意义。校园文化以其充实的内容、多样的形式和丰富的活动，满足了学生多方位的需求，为学生良好个性的形成提供了优美的物质环境和和谐的精神氛围，让学生在校园中能够充分追求幸福、体验幸福、感受幸福。

第三节　校园安全建设

马斯洛著名的需要层次理论指出，人的需要从最低层次向最高层次依次为生理需要、安全需要、爱和归属需要、尊重需要和自我实现需要。由此可见，人除了生理需要之外，其他高层次需要都是建立在安全需要得以保障的基础之上的，充分显示了安全是一个人在社会上生存和发展的基础。对于特殊儿童来说，其身心发展的特殊性更加突出了安全的重要意义，因此，为了让特殊儿童在学校安心学习、健康成长、幸福生活，加强校园安全建设是必不可少的。

广义的校园安全包括三个方面：学生在上学期间不受人身、财产、心理健康等方面的侵害和损失；学校职工在上班期间人身、财产等方面不受任何实际损害乃至各种潜在因素的威胁和影响；学校财产安全不受侵犯。在此，我们只讨论狭义的校园安全，即学生在上学期间不受人身、财产等方面的侵害和损失，以及不受任何有害其人身、财产和心理健康发展的危险因素的威胁和影响。校园伤害主要表现在两个方面：显性伤害侵害人身和财产安全、隐性伤害损害心理健康。

为了保护好每一个特殊儿童，让他们平安健康幸福地成长，学校应该牢固树立“责任大于天、重于山”的责任意识，坚持“以人文本，安全第一”的宗旨，针对特殊儿童的特点和认知规律，从以下几个方面加强校园安全建设。

一、完善校园设施建设，创造安全、舒适的学习生活环境

目前，我国一部分特殊教育学校条件还比较艰苦，学校占地面积不大，校舍较为陈旧，存在部分校舍翻新或扩建的现象。因此，要求学校的校舍及教育教学设施、生活设施等均要符合国家安全规定，防火、防盗、防水、防雷电等功能齐全。另外，要根据特殊儿童的特点，设置无障碍通道、完好的照明设施和有关缺陷补偿要求的安全设施，这点在本章第一节已经提到。宿舍内，应安

装盲、聋学生应急疏散报警系统，发生紧急情况时只要按下键盘，所有学生均能被振醒，于短时间内逃生。

二、制度完善、措施配套，增强全体教职工的防范意识

（一）成立学校安全工作领导小组，建立责任追究制

由于当前大部分特教学校都是寄宿制，学生在校时间长，又由于其生理障碍的影响，每天二十四个小时都有可能发生意想不到的危险。这就要求学校教职工（特别是领导干部）要时刻绷紧安全这根弦，把安全工作放在学校各项工作的首位。学校要成立学校安全工作领导小组，确定分管安全工作的领导、机构和人员，负责对学生进行安全教育和管理工作。严格执行责任追究制度，将安全教育工作作为对职工考核的重要内容，并实行一票否决制。

（二）建立健全安全制度，强化安全意识

建立健全学校安全制度是学校安全工作的重要保证，对规范师生行为，提高学校安全防范能力会起到重要作用。当师生没有认识到安全的重要性时，法规、制度作为规范和强制推行安全管理的手段，就显得十分重要。如定期检查和日常防范相结合的安全管理制度，以及学生管理、门卫值班、巡逻值班、防火防灾、食品卫生管理、防火安全管理等规章制度，让学校的各项工作都做到有章可循，违章必究，切实从各方面保证学生安全。

（三）建立学生健康档案，了解每一个学生

特殊儿童由于其特殊的身体状况，往往体质较差，伴随多种疾病，存在各种潜在隐患。所以新生入学后，一定要进行安全查体，将身体相关情况登记造册，建立健康档案。同时，还要对学生家庭情况、家庭病史和联系方式等进行详细了解，一定写入档案。学校每年对特殊学生至少要组织一次健康检查，全面了解学生身体状况，对学生的健康状况做出科学评估，并及时反馈给相关人员和学生家长。此外，要做好各项卫生预防工作，教育特殊学生讲究卫生，形成良好的卫生习惯，做好常规消毒工作，加强各项安全防范。如果发现学生有身体异常现象，要及时医治，防止病情加重或疾病蔓延。

（四）建立学校安全事故处理预案制度

学校应成立专门的安全事故处置小组，对校内可能发生的各种安全事故做出合理的预设和详尽的解决方案，制定意外事故处置预案制度。一旦问题发生，应及时、有效地防止事态进一步扩大和恶化。

三、多措并举，营造学校安全文化氛围

（一）开展丰富多彩的教育活动

安全工作重在防范，重在教育。通过讲解、演示和训练，对学生开展安全预防教育，使学生接受比较系统的防病、防火、防盗、防骗等安全知识和技能教育。学校还可以利用广播、黑板报、张贴标语等方式加强宣传，同时配合安全知识征文、安全知识竞赛等形式开展安全教育。安全文化教育还应考虑特殊学生的具体特点，对新生在入学后首先训练其安全行为规范，对高年级的学生可以采取案例分析、现场模拟和参与讨论等方式进行安全教育。

（二）强化师德教育，提高教师对特殊儿童服务的意识

特殊学校的教师不同于一般学校的教师，他们教育对象的特殊性决定了他们要承担更大、更多的责任。他们既是教书育人的教师，又是细致周到的母亲。只有教师以一颗真诚、博爱、宽容的心对待特殊儿童，才能得到学生的信任和认可，有事情不隐瞒，不撒谎。在这样温馨的学校氛围中，教师才能及时发现学生中存在的问题，察觉到可能存在的安全隐患，同时取得学生的支持和配合，有的放矢地进行处理。

（三）积极取得学生家长支持

学生家长是学生的监护人，其对于学校针对特殊学生制定的教育策略都有权知道，并且应参与到教育目标的制定中。家长是学生的第一任老师，如果家长能够积极配合学校的教育，往往会起到事半功倍的效果。在实际工作中，我们可以成立家长委员会，定期向家长汇报学生在校的表现情况，向家长介绍学校在学生教育和安全方面所采取的一系列措施，尽量取得家长的理解和支持。

四、根据不同类型特殊儿童的特点，体现校园安全文化的差异性

由于特殊儿童身心特点有很大差别，其所涉及的校园安全文化的核心问题也各不相同。因此需要针对不同类型特殊儿童的特点实施分类教育，以体现校园安全文化的多样性和差异性。

对于聋生而言，最为突出的问题是受社会上的聋人诱骗而出走，或被胁迫从事盗窃等违法犯罪活动。因此，聋校应针对聋生的特点开展正面教育，提高聋生的社会化程度，增强其自我保护意识；同时树立优秀聋人的良好榜样，使聋生有学习和奋斗的目标，从而控制聋生出走、被诱骗等现象的发生。

盲生的生活自理能力和定向行走能力是其走向社会的重要前提。在校园中要充分考虑盲生的行动特点，减少潜在的障碍和人身伤害隐患，同时要加强对盲生的心理疏导，避免个别盲生因琐事钻“牛角尖”，产生心障碍等问题。在教学中应增加应对危险和紧急突发事件的训练，使盲生在有保护的条件下体验和预演危险来临时应如何有效地躲避，确保自身安全，如火灾、交通意外和拥挤等情况下的正确逃生和自我保护方式等。

对于智力落后儿童应特别强调加强其生活自理能力和自我保护能力的训练。智力落后儿童容易受到社会上不法分子的侵害，因此，在平时的训练和学习中，应教给智力落后儿童一些生活和社会常识，教给他们对于陌生人的主动接近行为应学会说“不”，并让他们体会人际交流中的合适距离，特别还要教会智力落后儿童在遇到走失、迷路等情况时如何寻求帮助等问题。

总之，安全教育工作是学校工作的重点和难点，也是社会关注的热点。建设幸福校园，校园安全是基础，只有生活在安全和谐的校园环境中，我们才能紧握自己的幸福。

参考文献

1.《特殊教育应该引起全社会的关注》，孙雪梅，2012-11-14 08：28：00 来源：中青在线-中国青年报（北京）

2.《把握机遇，科学谋划“十二五”特殊教育的发展》，孔玲，《现代特殊教育》，2011年1月

3.《中国特殊教育学校教师队伍现状报告》，王雁、肖非、朱楠、魏寿洪、李欢，《现代特殊教育》，2011年10月

4.《2011年全国教育事业发展统计公报》，教育部网站，2012年8月30日

5.《广东省特殊教育学校师资建设现状及对策研究》，李凤英、郭俊峰、沈光银、陈月明、黄志，《中国特殊教育》，2010年第1期

6.《安徽省特殊教育教师专业发展现状调查》，郭启华、孙常青，《中国特殊教育》，2012年第4期

7.《6所特殊教育学校教师心理健康状况调查》，商秀梅、李高明，《中国听力语言康复科学杂志》，2007年第5期

8.《河北省特教学校义务教育阶段发展现状的调查研究》，于玉东、刘聪颖、王新、崔百露，《中国特殊教育》，2012年第4期

9.《广西特殊教育发展现状及对策研究》，张进清，《中国特殊教育》，2008年第10期

10.《金华市特殊教育现状的调查研究》，杨启楚，《神州·下旬刊》，2011年第4期

11.《发展特殊教育，保障残疾儿童权益》，朱宗顺，《中国特殊教育》，2010年第5期

12.《吉林省特殊教育发展现状与思考》，张胜利、贾君，《现代教育科学·中学教师》，2009年第1期

13.《幸福学校基本标准与评价核心指标》，孟万金、官群、张冲、Richard Wagner，《中小学校长》，2012年第4期

14.《点亮盲生的心灵之灯——盲生心理问题三面观》，易美华，《科教文汇》，2009年第9期

15.《聋生心理健康问题分析及对策》，石邦义，http://www.pep.com.cn/xgjy/tsjy/jxyj/qtyj/201008/t20100820_697353.htm

16.国培讲座（郑州，2012年11月）：钱志亮，北京师范大学教授

17.《我国中学校长职业幸福感研究》，2012届研究生博士学位论文，作者：翁琴雅，指导教师：陈玉琨，华东师范大学

18.《浅论特教学校校长专业化成长之路》，谢骏，《现代特殊教育》，2007年第11期

19.《影响教师幸福感的因素》，关珊，《基础教育参考》，2007年第8期

20.《川渝地区特殊教育学校教师职业幸福感状况及影响因素的研究》，赵斌，李燕，张大均，《中国特殊教育》，2012年第1期

21.《关于教师职业幸福感的调查》，任春青，《吉林省教育学院学报》，2012年第7期

22.《影响教师职业幸福感的主要因素探析》，李清季，《基础教育研究》，2010年4月

23.《提升小学教师职业幸福感的对策》，唐志强，《现代教育科学》，2010年第2期

24.《走进最理想的教育——著名教育家朱永新教育精华》，朱永新，漓江出版社，2007年9月版

25.《对特殊教育学校教师必备知识技能掌握水平的调查研究》，甘昭良，《教育探索》，2004年第4期

26.《发挥校长非权力性影响 增强学校凝聚力》，《现代特殊教育》，谢永灿，2007年第3期

27.《学校的品牌与经营》，王光辉，《教书育人 校长参考》，2008年第5期

28.《校长要学会经营学校》，徐吉志，《新课程研究 教师教育》，2007年第1期

29.《这条小鱼在乎》，田辉编译，《读者》，1999年第4期

30.《教育理论与学校实践》，叶澜等，高等教育出版社，2002年版

31.《走进最理想的教育——著名教育家朱永新教育精华》，朱永新，漓江出版社，2007年9月版

32.《特教教师校本教研与专业发展》，赵巧云，《河北工程大学学报》，2009年6月

33.《与国培相伴而行》，http://blog.sina.com.cn/s/blog_78f5b16d0101et3v.html，山东省临朐县特殊教育中心学校 秦艳华

34.《济南特教中心倡导教师善于读书，终身学习》，http://www.sdtj.com.cn/html/2012/edu_09/902.html，2012-09-19

35.《初中生主观幸福感的影响因素及其培养对策》，谢玉兰，陈旭，《教育探索》，2006年第2期

36.《积极心理健康教育视野下特殊教育教师职业幸福感的培养对策》，王苗苗，《毕节学院学报》，2012年第6期

37.《如何做好一名特殊教育教师》，蒠住花，《甘肃教育》，2011年第16期

38.《美国优秀教师给家长的十条建议》，《现代特殊教育》，2001年第4期

39.《在新课改中如何提高特殊教育学校管理的有效性》，石兰，《新课程改革与实践》，2009年第四卷第10期

40.《树立“三本”管理理念 实现特教学校管理现代化》，李瑞江，《现代特殊教育》，2004年第Z1期

41.《中小学学校——从管理到经营》

42.《特教学校管理的三个视角转换》，方红，《现代特殊教育》，2006年第1期

43.《人本·和谐·幸福——学校管理的应然追求》

44.《浅议特殊教育学校行政管理中的问题与对策》，李彦群，《现代交际》，2010年第 2 期

45.《开展社会实践活动， 探索学校、社会、家庭三结合教育的新途径》，《全国教育科研“十五”成果论文集》，2005年

46.《特殊教育学校应积极面对创新教育》，吴建琛，《现代特殊教育》，2000年第3期

47.《强化实践教学环节，构建应用性创新型特殊教育师资培养方案》，钟经华，《现代特殊教育》，2008年第11期

48.《幸福校园建设初探》，茅晓辉，《中国特殊教育》，2011年第9期

49.《教师的职业幸福感和教师的专业发展》，赵洁、邓红伟、胡燕，《漯河职业技术学院学报》，2011年1月第1期

50.《幸福教育的理论和实践》，王长华著，知识产权出版社，2010年1月第1版

51.《丰富业余文化生活 提升教师生命质量》，孟凡青，《湖北教育》，2012年第3期

后 记

倏忽间，鬓生华发，人到中年。感叹时光飞逝之余，偶有做点儿事的想法，可偏偏又畏惧困难，缺乏毅力和进取心，遂成“常立志之人”，陷于日常琐事之中。

大概自2005年始，我开始喜欢上了浏览当代著名教育家朱永新先生和特级教师李镇西先生创办的网站——教育在线，在特教论坛板块与全国特教同仁交流、切磋相关特教话题。逐步系统学习了朱先生的教育思想和理念——让师生过一种幸福而完整的教育生活，从而对幸福学校有了初步的了解。2012年年底，在恩师潍坊学院李淑英教授的鼓励和支持下，我抖起胆子，很惶恐地开始搜集、学习、研究关于幸福特教学校方面的资料和信息。好在中央教育科学研究所孟万金教授已于两年前开始推出“幸福教育”理念，并开始在浙江宁波鄞州各个学校进行试验、推广，取得了一定的经验和成果，这为本书的写作提供了理论上的支持。但由于本人水平所限，加之学校事务繁琐、家中老父多次住院需照料，时间、精力实难分配。故好多问题仅仅是蜻蜓点水，未能研究深、研究透，存在不足。作为基层特教工作者，很惶恐、很犹豫地献出自己的一点儿想法和感触，恳请大家批评指正，多提宝贵意见！

感谢恩师李淑英老师在百忙之中对于本书的编写所给与的悉心指导，感谢其他参与编写的人员——是大家共同的努力，才让本书得以与读者见面。

幸福特殊教育是个大课题，本书权作抛砖引玉，期待大家再进一步研究，让特殊教育学校师生都过上幸福而完美的教育生活！

书中所引用资料，凡出处、作者清晰的都在参考文献中列出，在此对原作者表示衷心的感谢！也有因种种原因，未能查出出处及作者的，在此对原作者一并表示感谢，并请您予以谅解！

郑建刚

2013.5.7